2011年度会计从业资格考试

梦想成真 系列辅导丛书

模拟试卷
会计基础

中华会计网校 编
www.chinaacc.com

人民出版社

责任编辑：骆　蓉

图书在版编目（CIP）数据

会计从业资格考试全真模拟试卷/中华会计网校 编著．
—北京：人民出版社　2010
（会计从业资格考试梦想成真系列辅导丛书．2011）
ISBN 978-7-01-009494-6

Ⅰ．①会…　Ⅱ．①中…　Ⅲ．①会计－资格考核－习题　Ⅳ．①F23—44

中国版本图书馆 CIP 数据核字（2010）第 238537 号

会计从业资格考试全真模拟试卷
KUAIJI CONGYE ZIGE KAOSHI QUANZHEN MONI SHIJUAN

中华会计网校　编

人民出版社出版发行
（100706　北京朝阳门内大街 166 号）

北京市朝阳印刷厂印刷　新华书店经销

2010 年 12 月第 1 版　2010 年 12 月第 1 次印刷
开本：787×1092　1/16　印张：8.75
字数：226 千字　印数：30000 册

ISBN 978-7-01-009494-6　定价：30.00 元（全两册）

目　录

全国会计从业资格考试
《会计基础》
模拟试题(一)

一、单项选择题(本类题共40小题,每小题1分,共40分。在每小题给出的四个备选答案中,只有一个符合题意的正确答案,请将所选答案的字母填在题后的括号内。多选、错选、不选均不得分。)

1. 在月末结账前发现所填制的记账凭证无误,根据记账凭证登记账簿时,将1 568元误记为1 586元,按照有关规定,更正时应采用的错账更正方法是(   )。
   A. 划线更正法   B. 红字更正法   C. 补充登记法   D. 平行登记法

2. 账户发生额试算平衡法是根据(   )确定的。
   A. 借贷记账法的记账规则   B. 经济业务内容
   C. 资产 = 负债 + 所有者权益   D. 经济业务类型

3. 原始凭证的审核是一项十分重要、严肃的工作,经审核的原始凭证应根据不同情况处理。下列处理方法不正确的是(   )。
   A. 对于完全符合要求的原始凭证,应及时据以编制记账凭证入账
   B. 对于不真实、不合法的原始凭证,会计机构和会计人员有权不予接受,并向单位负责人报告
   C. 对于不完全符合要求的自制原始凭证,可先行编制记账凭证,以保证账务的及时处理,随后必须保证补充完整
   D. 对于真实、合法、合理但内容不够完整、填写有错误的原始凭证,应退回给有关经办人员,由其负责将有关凭证补充完整、更正错误或重开后,再办理正式会计手续

4. 企业收到投资者追加投资300 000元,款项存入银行,该业务没有产生资本溢价(或股本溢价)。关于这笔经济业务,以下说法正确的是(   )。
   A. 导致资产内部增减变动,总额不变
   B. 导致资产增加,负债增加
   C. 导致资产增加,所有者权益增加
   D. 导致所有者权益内部增减变动,总额不变

5. 出纳人员发生变动时,应对其保管的库存现金进行清查,这种财产清查属于(   )。
   A. 全面清查和定期清查   B. 局部清查和不定期清查
   C. 全面清查和不定期清查   D. 局部清查和定期清查

6. 某企业购入材料一批,已经验收入库,货款3万元已用银行存款支付(不考虑其他因素),根据这项业务所填制的会计凭证是(   )。
   A. 现金收款凭证   B. 现金付款凭证
   C. 银行存款收款凭证   D. 银行存款付款凭证

7. 企业生产经营期间固定资产达到预定可使用状态后发生的长期借款利息支出，应计入（　　）账户。

　　A. 管理费用　　　　B. 财务费用　　　　C. 在建工程　　　　D. 固定资产

8. 企业开出一张商业汇票用于抵偿上期形成的应付账款，该笔业务会导致（　　）。

　　A. 资产和负债同时减少　　　　　　　B. 资产和负债同时增加

　　C. 资产内部此增彼减，总额不变　　　D. 负债内部此增彼减，总额不变

9. 下列说法中，正确的是（　　）。

　　A. "有借必有贷，借贷必相等"是余额试算平衡法的理论依据

　　B. "收入－费用＝利润"是编制资产负债表的基础

　　C. 会计主体假设确定了会计确认、计量和报告的空间范围

　　D. "资产＝负债＋所有者权益"是编制利润表的依据

10. 实际发生坏账和计提坏账准备均会使用的会计科目是（　　）。

　　A. 资产减值损失　　B. 应收账款　　　　C. 坏账准备　　　　D. 其他应收款

11. 关于日记账的格式和登记方法表述不正确的是（　　）。

　　A. 日记账是按照经济业务发生或完成时间先后顺序逐日逐笔进行登记的账簿

　　B. 设置日记账的目的是为了监督出纳人员是否将各项收支准确的进行了账务处理，以防止差错和舞弊行为的发生

　　C. 为了保证现金日记账的安全完整，无论采用三栏式还是多栏式现金日记账，都必须使用订本账

　　D. 现金日记账是用来核算监督库存现金每天的收入、支出和结存情况的账簿

12. 下列说法不正确的是（　　）。

　　A. 所有者权益是指资产扣除负债后由所有者享有的剩余权益

　　B. 所有者权益的金额等于资产减去负债后的余额

　　C. 所有者权益也称为净资产

　　D. 所有者权益包括实收资本（或股本）、资本公积、盈余公积和留存收益

13. 确立会计核算空间范围所依据的会计基本假设是（　　）。

　　A. 会计主体　　　　B. 持续经营　　　　C. 会计分期　　　　D. 货币计量

14. 错账更正时，划线更正法的适用范围是（　　）。

　　A. 记账凭证中会计科目或借贷方向错误，导致账簿记录错误

　　B. 记账凭证正确，登记账簿时发生文字或数字错误

　　C. 记账凭证中会计科目或借贷方向正确，所记金额大于应记金额，导致账簿记录错误

　　D. 记账凭证中会计科目或借贷方向正确，所记金额小于应记金额，导致账簿记录错误

15. 下列资产负债表项目，不应根据总账余额直接填列的是（　　）。

　　A. 固定资产　　　　B. 应付票据　　　　C. 应付职工薪酬　　　D. 短期借款

16～20题为某企业发生的业务，该企业月初"生产成本——A产品"账户余额为2 000元，采用实际成本法核算。本月业务如下：

16. 仓库库存甲材料单位成本10元/公斤，乙材料单位成本20元/公斤。生产车间从仓库领用如下材料：领用甲材料150公斤、乙材料100公斤用于生产A产品；领用甲材料120公斤、乙材料80公斤用于生产B产品；用于车间共同耗用的甲材料270公斤；销售部门领用甲材料50公斤用于销售，销售价格20元/公斤，则以下说法正确的是（　　）。

A. 所有经济业务共耗用乙材料 3 500 元

B. 生产 B 产品耗用直接材料成本为 3 500 元

C. 生产 A 产品耗用直接材料成本 2 800 元

D. 销售甲材料时应借记其他业务成本 500 元

17. 企业计算确认管理部门人员本月工资 15 800 元，其中应扣项目有个人所得税 1 200 元、代扣房租 1 600 元、代垫职工医药费 500 元，实际用银行存款发放 12 500 元。下列分录中错误的是(　　)。

    A. 借：应付职工薪酬　　　　　　　　　　　　　　1 600
        贷：其他应付款　　　　　　　　　　　　　　　　1 600

    B. 借：应付职工薪酬　　　　　　　　　　　　　　1 200
        贷：应交税费——应交个人所得税　　　　　　　　1 200

    C. 借：应付职工薪酬　　　　　　　　　　　　　　12 500
        贷：银行存款　　　　　　　　　　　　　　　　　12 500

    D. 借：应付职工薪酬　　　　　　　　　　　　　　500
        贷：其他应付款　　　　　　　　　　　　　　　　500

18. 购买甲材料用于自建厂房，材料买价 5 000 元，增值税 850 元，款项已用银行存款支付，下列分录中正确的是(　　)。

    A. 借：工程物资　　　　　　　　　　　　　　　　5 850
        贷：银行存款　　　　　　　　　　　　　　　　　5 850

    B. 借：原材料——甲材料　　　　　　　　　　　　5 000
        应交税费——应交增值税(进项税额)　　　　　 850
        贷：银行存款　　　　　　　　　　　　　　　　　5 850

    C. 借：制造费用　　　　　　　　　　　　　　　　5 850
        贷：银行存款　　　　　　　　　　　　　　　　　5 850

    D. 借：在建工程　　　　　　　　　　　　　　　　5 850
        贷：银行存款　　　　　　　　　　　　　　　　　5 850

19. 结算本月应付职工薪酬，按用途归集如下：A 产品生产工人工资 5 000 元；B 产品生产工人工资 4 000 元，根据生产工人工资比例分配并结转本月制造费用，以下说法不正确的是(　　)。

    A. A 产品分配制造费用 1 500 元　　　　　B. B 产品分配制造费用 1 200 元

    C. B 产品分配制造费用比例为 55.6%　　　D. 应贷记制造费用 2 700 元

20. 本月 A、B 两种产品都已完工并验收入库，按其实际成本入账，期末没有在产品，以下说法不正确的是(　　)。

    A. A 产品完工入库的分录：借：库存商品——A 产品 5 000
                    贷：生产成本——A 产品 5 000

    B. B 产品本月发生的生产成本为 8 000 元

    C. A 产品本月发生生产成本为 10 000 元

    D. B 产品耗用直接人工费用为 4 000 元

21. 会计主体在会计确认、计量和报告时的统一计量单位是(　　)。

    A. 货币　　　　　　B. 劳动量　　　　　　C. 实物　　　　　　D. 价格

22. 在权责发生制下，下列货款中应列作本月收入的是( )。
    A. 本月销售，下月收到货款
    B. 上月销售，本月收到货款
    C. 本月预收下月货款
    D. 本月收到上月购货方少付的货款

23. 下列业务能够导致资产和所有者权益总额同时增加的是( )。
    A. 投资者投入固定资产
    B. 盈余公积弥补亏损
    C. 盈余公积转增资本
    D. 向投资者实际支付现金股利

24. 企业计划在年底购买一批机器设备，8月份与销售方达成购买意向，9月份签订了购买合同，但实际购买行为发生在11月份，则企业应在( )将该批设备确认为资产。
    A. 8月
    B. 11月
    C. 12月
    D. 9月

25. "其他业务成本"科目按其所归属的会计要素不同，属于( )类科目。
    A. 成本
    B. 资产
    C. 损益
    D. 所有者权益

26. 下列不属于损益类科目的是( )。
    A. 主营业务收入
    B. 应交税费
    C. 所得税费用
    D. 管理费用

27. 下列各项不属于会计科目设置原则的是( )。
    A. 合法性
    B. 相关性
    C. 合理性
    D. 实用性

28. 某企业2010年5月初短期借款账户的贷方余额为60万元，本月向银行借入还款期限为6个月的借款20万元，归还前期的短期借款30万元，则该企业2010年5月末短期借款账户的余额为( )。
    A. 贷方80万元
    B. 贷方50万元
    C. 借方50万元
    D. 贷方30万元

29. 下列错误中能够通过试算平衡发现的是( )。
    A. 重记经济业务
    B. 漏记经济业务
    C. 借贷方向相反
    D. 借贷金额不等

30. 某企业本月生产产品直接耗用原材料5 000元，生产车间管理耗用原材料1 000元，正确的会计分录是( )。
    A. 借：生产成本   6 000
          贷：原材料   6 000
    B. 借：制造费用   6 000
          贷：原材料   6 000
    C. 借：生产成本   5 000
            制造费用   1 000
          贷：原材料   6 000
    D. 借：生产成本   5 000
            管理费用   1 000
          贷：原材料   6 000

31. 下列支出中，不属于期间费用的是( )。
    A. 企业生产部门发生的生产人员工资
    B. 企业行政管理部门发生的办公费
    C. 企业专设销售机构发生的各项经费
    D. 企业为筹集短期经营用资金而发生的有关费用

32. 根据账簿记账规则，以下说法正确的是( )。

A. 登记账簿的日期应当是实际登记账簿的当天

B. 如果发生隔页现象，需要将空白页撕掉，以防止别人补充登记

C. 现金日记账和银行存款日记账必须逐日结出余额

D. 为了保持账簿的整洁和美观，发生错误时不得涂改，而应该换用一本新账

33. 付款凭证左上角的"贷方科目"可能登记的科目是(   )。

    A. 预付账款　　　　B. 银行存款　　　　C. 预收账款　　　　D. 其他应付款

34. 5月25日行政管理人员将标明日期为4月25日的发票拿来报销，经审核后会计人员依据该发票编制记账凭证时，记账凭证的日期应为(   )。

    A. 5月1日　　　　B. 4月25日　　　　C. 5月25日　　　　D. 4月30日

35. 对于库存现金存入银行，应编制的记账凭证是(   )。

    A. 银行存款收款凭证　　　　　　　　B. 银行存款收款凭证和现金付款凭证

    C. 转账凭证　　　　　　　　　　　　D. 现金付款凭证

36. 关于原始凭证和记账凭证，以下说法正确的是(   )。

    A. 记账凭证是记录和证明经济业务发生或完成情况的文字凭据

    B. 原始凭证不可以作为登记账簿的依据

    C. 原始凭证是编制记账凭证的依据

    D. 记账凭证是编制原始凭证的依据

37. 下列账簿中可以采用卡片账的是(   )。

    A. 原材料总分类账　　　　　　　　　B. 现金日记账

    C. 固定资产明细分类账　　　　　　　D. 固定资产总分类账

38. 下列各项中，(   )是连接会计凭证和会计报表的中间环节。

    A. 设置会计科目和分录　　　　　　　B. 复式记账

    C. 设置和登记账簿　　　　　　　　　D. 编制会计分录

39. 总分类账户与明细分类账户的主要区别在于(   )。

    A. 记录经济业务的详细程度不同　　　B. 记账的依据不同

    C. 记账的方向不同　　　　　　　　　D. 记账的期间不同

40. 下列各账簿中，必须逐日逐笔登记的是(   )。

    A. 库存现金总账　　　　　　　　　　B. 银行存款日记账

    C. 库存商品明细账　　　　　　　　　D. 原材料明细账

二、多项选择题(本类题共20小题，每小题2分，共40分。在每小题给出的四个备选答案中，有两个或两个以上符合题意的正确答案，请将所选答案的字母填在题后的括号内。多选、少选、错选、不选均不得分。)

1. 下列对费用要素特征描述正确的有(   )。

    A. 费用是企业在日常活动中发生的经济利益的总流入

    B. 费用会导致所有者权益减少

    C. 费用的产生与向所有者分配利润无关

    D. 费用会导致所有者权益增加

2. 企业预提短期借款利息时，涉及的会计科目有(   )。

    A. 银行存款　　　B. 应付利息　　　C. 财务费用　　　D. 销售费用

3. 下列各项中需要通过"待处理财产损溢"账户核算的有(   )。

A. 库存现金短缺   B. 原材料盘亏

C. 发现账外固定资产   D. 应收账款无法收回

4. 下列业务中，应确认为收入的有（   ）。

A. 销售商品取得的价款   B. 提供劳务取得的价款

C. 出租固定资产取得的款项   D. 出售固定资产净收益

5. 下列最终会引起资产和所有者权益总额发生变动的有（   ）。

A. 接受新投资者货币投资   B. 接受现金捐赠

C. 提取法定盈余公积   D. 收到应收股利存入银行

6. "财务费用"账户贷方登记（   ）。

A. 期末结转到"本年利润"的本期各项筹资费用

B. 计提短期借款的利息

C. 应冲减财务费用的利息收入

D. 发行股票溢价收入

7. 下列关于会计档案管理的说法中正确的有（   ）。

A. 出纳人员不得兼管会计档案

B. 会计档案的保管期限，从会计档案形成后的第一天算起

C. 单位负责人应在会计档案销毁清册上签署意见

D. 采用电子计算机进行会计核算的单位，应保存打印出的纸质会计档案

8. 企业偿还应付账款23 200元，其中以现金偿还200元，以银行存款偿还23 000元。分录涉及的科目及金额有（   ）。

A. 应付账款22 800元   B. 库存现金200元

C. 应付账款23 200元   D. 银行存款23 000元

9. 下列各项中，应该采用订本账的有（   ）。

A. 总分类账   B. 明细分类账   C. 现金日记账   D. 银行存款日记账

10. 下列各项经济业务中，会导致企业资产总额和负债总额减少的有（   ）。

A. 用现金支付职工薪酬   B. 从某企业购买材料一批，货款未付

C. 将资本公积转增资本   D. 用银行存款偿还所欠货款

11. 下列项目中，可以作为一个会计主体进行核算的有（   ）。

A. 销售部门   B. 分公司   C. 母公司   D. 企业集团

12. 财物是财产、物资的简称，下列属于财物的有（   ）。

A. 库存商品   B. 固定资产   C. 无形资产   D. 应收及预付款项

13. 下列会计科目中，属于成本类科目的有（   ）。

A. 生产成本   B. 主营业务成本   C. 制造费用   D. 销售费用

14. 以下对账户表述正确的有（   ）。

A. 账户是根据会计科目设置的

B. 账户具有一定格式和结构

C. 账户用于分类反映会计要素增减变动情况及其结果

D. 对会计要素具体内容进行总括分类核算的账户是总分类账

15. 以下属于汇总原始凭证的有（   ）。

A. 汇总收款凭证   B. 收料凭证汇总表

C. 限额领料单　　　　　　　　　　　　　D. 发料凭证汇总表

16. 下列各项中，属于记账凭证的基本内容的有(　　　)。
    A. 名称　　　　　B. 填制日期　　　　　C. 编号　　　　　D. 记账标记

17. 下列说法中不正确的有(　　　)。
    A. 日记账必须采用三栏式
    B. 总账最常用的格式为三栏式
    C. 三栏式明细分类账适用于成本、费用类科目的明细核算
    D. 银行存款日记账的格式和登记方法与现金日记账相同

18. 下列各项中，属于备查账簿的有(　　　)。
    A. 领用空白支票登记簿　　　　　　　　B. 固定资产卡片
    C. 受托加工材料登记簿　　　　　　　　D. 经营租入固定资产登记簿

19. 下列各项中，必须逐日结出余额的账簿有(　　　)。
    A. 现金总账　　　B. 银行存款总账　　　C. 现金日记账　　　D. 银行存款日记账

20. 记账凭证账务处理程序、汇总记账凭证账务处理程序和科目汇总表账务处理程序应共同遵循的程序有(　　　)。
    A. 根据原始凭证、汇总原始凭证和记账凭证登记各种明细分类账
    B. 期末，现金日记账、银行存款日记账和明细分类账的余额与有关总分类账的余额核对相符
    C. 根据记账凭证逐笔登记总分类账
    D. 根据总分类账和明细分类账的记录，编制会计报表

三、**判断题**(本类题共20小题，每小题1分，共20分。认为正确的，在题后的括号内写"√"；认为错误的，在题后的括号内写"×"。判断正确的得1分，判断错误的扣0.5分，不答不得分也不扣分。本类题最低为零分。)

1. 借贷记账法的记账规则为：有借必有贷，借贷必相等。即对于每一笔经济业务都要在两个账户中以借方和贷方相等的金额进行登记。　　　　　　　　　　　　　　(　　　)

2. 一套完整的财务报表至少应当包括资产负债表、利润表、现金流量表、所有者权益变动表和附注等部分。　　　　　　　　　　　　　　　　　　　　　　　　　(　　　)

3. 企业支付现金，可从企业库存现金限额中支付或从开户银行中提取现金后支付。(　　　)

4. 财产清查结束后，企业应根据"清查结果报告表"、"盘点报告表"等已经查实的数据资料，编制记账凭证，记入有关账簿，使账簿记录与实际盘存数相符，同时将处理建议报会计机构负责人(会计主管人员)审批。　　　　　　　　　　　　　　　(　　　)

5. 不具备会计机构设置条件的，应当委托经批准设立从事会计代理记账业务的中介机构代理记账。　　　　　　　　　　　　　　　　　　　　　　　　　　　　　(　　　)

6. 未分配利润有两层含义：一是留待以后年度分配的利润；二是未指定用途的利润。(　　　)

7. 对已确认为坏账的应收账款，意味着企业放弃了追索权。　　　　　　　　　(　　　)

8. 在存货发出的计价方法中企业可以只选择其中的一种来计价，不能同时选择其他的方法。　　　　　　　　　　　　　　　　　　　　　　　　　　　　　　(　　　)

9. 合伙经营的企业可以成为一个会计主体。　　　　　　　　　　　　　　　(　　　)

10. 经批准转销固定资产盘亏净损失时，账务处理应借记"营业外支出"账户，贷记"固定资产清理"账户。　　　　　　　　　　　　　　　　　　　　　　　　(　　　)

11. 按照我国的会计准则，负债不仅指现时已经存在的债务责任，还包括某些将来可能发生的、偶然事项形成的债务责任。   （ ）

12. 一个会计主体一定期间内的全部账户的借方发生额合计与贷方发生额合计一定相等。   （ ）

13. 从外单位取得的原始凭证遗失时，必须取得原签发单位盖有公章的证明，并注明原始凭证的号码、金额、内容等，由经办单位会计机构负责人、会计主管人员审核签章后，才能代作原始凭证。   （ ）

14. 企业的利润一般包括收入减去费用后的净额、直接计入当期损益的利得和损失等。 （ ）

15. 会计上的资本既包括投入资本也包括借入资本。   （ ）

16. 总分类科目与其所属的明细分类科目的核算内容相同，所不同的是前者提供的信息比后者更加详细。   （ ）

17. 账户的基本结构仅包括账户的名称、日期和摘要、增减方的金额及余额。   （ ）

18. 某企业应交税费的期初余额为贷方35 000元，本期贷方发生额为36 000元，本期借方发生额为28 000元。则应交税费账户的期末余额为贷方43 000元。   （ ）

19. 在会计处理中，只能编制一借一贷、一借多贷、一贷多借的会计分录，而不能编制多借多贷的会计分录，以避免对应关系混乱。   （ ）

20. 银行存款余额调节表只是为了核对账目，并不能作为调整银行存款账面余额的原始凭证。   （ ）

模拟试题（一）参考答案及详细解析

一、单项选择题

1. A

【解析】本题考查错账更正方法的适用条件。本题属于记账凭证无误，账簿记录金额有误，所以应该采用划线更正法进行更正。

2. A

【解析】本题考查试算平衡的理论依据。试算平衡包括发生额试算平衡和余额试算平衡。发生额试算平衡是根据"有借必有贷，借贷必相等"的记账规则确定的；余额试算平衡是根据"资产＝负债＋所有者权益"确定的。

3. C

【解析】本题考查原始凭证的审核要求。

4. C

【解析】本题考查经济业务对会计要素的影响。本题中收到款项存入银行导致资产增加，接受投资导致所有者权益增加。

5. B

【解析】本题考查财产清查的分类。更换财产物资保管人员进行的有关财产物资的清查属于局部清查和不定期清查。

6. D

【解析】本题考查记账凭证的种类。企业用银行存款购入材料，会造成银行存款的减少，应该编制银行存款付款凭证。

7. B

【解析】本题考查主要经济业务的核算。企业生产经营期间为购建固定资产专门借入的款项所发生的利息，在所购建的固定资产达到预定可使用状态之前发生的，应当在发生时予以资本化，计入相应的固定资产成本；在所购建的固定资产达到预定可使用状态之后发生的，应当于发生当期确认为财务费用。

8. D

【解析】本题考查经济业务对会计要素的影响。

该笔业务的会计处理为：

借：应付账款

　　贷：应付票据

负债内部项目一增一减，总额不变。

9. C

【解析】本题考查会计等式、会计基本假设、试算平衡的内容。"有借必有贷，借贷必相等"是发生额试算平衡的理论依据。"收入 – 费用 = 利润"是利润表编制的基础，"资产 = 负债 + 所有者权益"是资产负债表编制的基础。

10. C

【解析】本题考查坏账准备及坏账损失的核算。

11. B

【解析】本题考查日记账的格式、登记方法和目的。设置日记账的目的是为了使经济业务的时间顺序清晰地反映在账簿记录中。

12. D

【解析】本题考查所有者权益的内容。所有者权益包括实收资本(或股本)、资本公积、盈余公积和未分配利润等，盈余公积和未分配利润又统称为留存收益。所以，也可以表述为：所有者权益包括实收资本(或股本)、资本公积和留存收益等，因此选项 D 是不正确的。

13. A

【解析】本题考查会计基本假设的内容。

14. B

【解析】本题考查划线更正法的适用范围。

15. A

【解析】本题考查资产负债表相关项目的填列。固定资产项目应根据"固定资产"科目期末余额，减去"累计折旧"和"固定资产减值准备"科目期末余额后的净额填列。

16. D

【解析】本题考查主要经济业务的核算。本题生产 A 产品耗用材料成本 = 甲材料 150 × 10 + 乙材料 100 × 20 = 3 500(元)；生产 B 产品耗用直接材料成本 = 甲材料 120 × 10 + 乙材料 80 × 20 = 2 800(元)；共耗用乙材料 = 100 × 20 + 80 × 20 = 3 600(元)；销售甲材料确认的其他业务成本 = 50 × 10 = 500(元)。

17. D

【解析】本题考查主要经济业务的核算。从职工薪酬中扣除代垫职工医药费应该将之前代垫费用时确认的其他应收款冲销，贷记"其他应收款"科目。

18. A

【解析】本题考查主要经济业务的核算。本题的分录是：

借：工程物资   5 850

    贷：银行存款   5 850

本题购买工程物资发生的增值税不允许抵扣，因此增值税应该计入工程物资成本。

19. C

【解析】本题考查主要经济业务的核算。本月共发生制造费用金额 = $270 \times 10 = 2\,700$（元），因此从制造费用贷方结转的制造费用金额是 2 700 元；A 产品的分摊比例 = $5\,000/(5\,000 + 4\,000) = 55.6\%$，B 产品的分摊比例 = $4\,000/(5\,000 + 4\,000) = 44.4\%$，因此 C 的说法是错误的；A 产品分摊的制造费用金额 = $2\,700 \times 5\,000/(5\,000 + 4\,000) = 1\,500$（元），B 产品分摊的制造费用 = $2\,700 - 1\,500 = 1\,200$（元）。

20. A

【解析】本题考查主要经济业务的核算。A 产品生产成本金额 = 2 000 期初余额 +3 500 本期领用的原材料 +5 000 本期发生的直接人工 +1 500 结转的制造费用 = 12 000（元）；B 产品生产成本金额 = 2 800 本期领用的原材料 +4 000 本期发生的直接人工 +1 200 结转的制造费用 = 8 000（元）。

21. A

【解析】本题考查货币计量假设的内容。货币计量是指会计主体在会计确认、计量和报告时应采用货币作为统一的计量单位。

22. A

【解析】本题考查权责发生制下收入的确认。权责发生制要求凡是当期已经实现的收入和已经发生或应负担的费用，无论款项在当期是否收付，都应当作为当期的收入和费用。

23. A

【解析】本题考查经济业务对会计要素的影响。

选项 A，会计处理为：

借：固定资产

    贷：实收资本等

资产、所有者权益总额同时增加；选项 BC，属于所有者权益内部增减变动，总额不变，资产不受影响；选项 D，负债和资产同时减少，所有者权益不受影响。

24. B

【解析】本题考查资产的确认。资产是过去已经发生的交易或事项所产生的结果，资产必须是现实的资产，而不能是预期的资产。所以本题应该在实际购买活动发生时才能确认为资产。

25. C

【解析】本题考查会计科目的分类。"其他业务成本"属于损益类科目。

26. B

【解析】本题考查会计科目的分类。应交税费属于负债类科目。

27. C

【解析】本题考查会计科目的设置原则。会计科目的设置原则包括：合法性原则、相关性原则和实用性原则。

28. B

【解析】本题考查短期借款账户的结构。短期借款账户余额 = 期初贷方余额 60 + 当期增加 20 − 当期归还 30 = 期末贷方余额 50（万元）。

29. D

【解析】本题考查可以通过试算平衡发现的错误。重记、漏记经济业务、借贷方向相反等错误是不能通过试算平衡发现的。

30. C

【解析】本题考查主要经济业务的核算。生产产品直接耗用原材料应计入生产成本科目，生产车间管理耗用原材料应计入制造费用科目，故选项 C 正确。

31. A

【解析】本题考查期间费用的内容。选项 A 计入生产成本；选项 B 计入管理费用；选项 C 计入销售费用；选项 D 计入财务费用。企业期间费用包括管理费用、财务费用、销售费用，因此只有选项 A 不属于期间费用。

32. C

【解析】本题考查账簿的记账规则。选项 A，登记账簿的日期应当与记账凭证的日期保持一致；选项 B，各种账簿应按页次顺序连续登记，不得跳行、换页。如果发生跳行、换页，应当将空行、空页划线注销，或者注明"此行空白"、"此页空白"，并由记账人员签名或盖章；选项 D，发生错账时不准涂改、挖补、刮擦或者用药水消除字迹，不准重新抄写，必须按照下列方法更正：划线更正法、红字更正法或补充登记法。

33. B

【解析】本题考查付款凭证的编制。付出现金或银行存款的业务需要编制付款凭证，所以贷方科目可能为库存现金或银行存款。

34. C

【解析】本题考查记账凭证的编制。记账凭证上的日期应该是实际编制记账凭证的日期，记账凭证的填制日期与原始凭证的填制日期可能相同，也可能不同。本题中填制记账凭证的日期是 5 月 25 日。

35. D

【解析】本题考查记账凭证的编制。付款凭证是用于记录现金与银行存款付款业务的会计凭证。对于涉及"库存现金"和"银行存款"之间的经济业务，一般只编制付款凭证，不编制收款凭证。因此，应该编制现金付款凭证。

36. C

【解析】本题考查会计凭证的相关内容。原始凭证是记录和证明经济业务发生或完成情况的文字凭证，选项 A 错误；原始凭证可以作为登记原材料等账簿的依据，所以选项 B 错误；记账凭证又称记账凭单，是会计人员根据审核无误的原始凭证按照经济业务事项的内容加以归类，并据以确定会计分录后所填制的会计凭证。它是登记账簿的直接依据。所以选项 D 错误。

37. C

【解析】本题考查卡片账的适用范围。

38. C

【解析】本题考查会计账簿的意义。

39. A

【解析】本题考查总分类账户和明细分类账户的区别。总分类账户和明细分类账户记账的依据、方向和期间都是相同的，主要区别在于记录业务的详细程度不同。

40. B

【解析】本题考查会计账簿的登记。现金日记账和银行存款日记账必须逐日逐笔登记。

二、多项选择题

1. BC

【解析】本题考查费用要素的特征。费用是指企业日常经营活动中发生的、会导致所有者权益减少的、与向所有者分配利润无关的经济利益的总流出。

2. BC

【解析】本题考查主要经济业务的核算。预提短期借款利息的分录为：

借：财务费用
　　贷：应付利息

3. AB

【解析】本题考查财产清查的财务处理。库存现金、原材料盘亏应当通过"待处理财产损溢"账户核算。发现账外固定资产按照《企业会计准则》规定属于会计差错，应当通过"以前年度损益调整"科目核算。应收账款无法收回应确认为坏账，不通过"待处理财产损溢"科目核算。

4. ABC

【解析】本题考查会计要素中收入的核算范围。收入是在企业的日常经营活动中产生的，出售固定资产是偶尔发生的业务，处置固定资产所流入企业的经济利益是利得，不能确认为收入。

5. AB

【解析】本题考查主要经济业务的核算。选项 A 的分录：

借：银行存款
　　贷：实收资本等

引起资产和所有者权益总额发生变动。

选项 B 的分录：

借：库存现金
　　贷：营业外收入

营业外收入是损益类科目，期末转入本年利润科目，最终会引起所有者权益总额发生变动，因此该事项最终会引起资产和所有者权益总额发生变动。

选项 C 的分录：

借：利润分配——提取法定盈余公积
　　贷：盈余公积

所有者权益内部一增一减，总额不变。

选项 D 的分录：

借：银行存款

贷：应收股利

资产内部一增一减，不影响所有者权益。

6. AC

【解析】本题考查会计账户的结构。选项 B 计入"财务费用"账户的借方；选项 D 计入"资本公积"等账户。

7. ACD

【解析】本题考查会计档案的保管。会计档案的保管期限，从会计年度终了后的第一天算起。

8. BCD

【解析】本题考查主要经济业务的核算。本题的会计分录是：

借：应付账款　　　　　　　　　　　　　　　　　　　　　23 200

　　贷：库存现金　　　　　　　　　　　　　　　　　　　　　200

　　　　银行存款　　　　　　　　　　　　　　　　　　　23 000

9. ACD

【解析】本题考查会计账簿的分类。总分类账、现金日记账和银行存款日记账应采用订本账形式。

10. AD

【解析】本题考查经济业务发生对会计要素的影响。选项 B 会导致资产和负债同时增加，选项 C 是所有者权益内部的增减变动，所有者权益总额不发生变化，也不会影响资产和负债的金额，因此这两个选项不符合题意。

11. ABCD

【解析】本题考查会计主体的定义。会计主体界定的是会计核算的范围，所以会计主体必须能够独立核算，本题四个选项都符合会计主体的定义。

12. AB

【解析】本题考查财务的定义。财务是财产、物资的简称，是单位进行生产经营活动且具有实物形态的经济资源。无形资产不具有实物形态，所以不是企业的财物；应收及预付款项是企业的债权。

13. AC

【解析】本题考查会计科目的分类。主营业务成本和销售费用属于损益类科目。

14. ABCD

【解析】本题考查账户的内容。账户是根据会计科目设置的、具有一定的格式和结构、用于分类反映会计要素增减变化情况及其结果的载体。用于对会计要素具体内容进行总括分类核算的账户是总分类账户。

15. BD

【解析】本题考查原始凭证的分类。汇总收款凭证属于记账凭证，限额领料单属于累计原始凭证。

16. ABCD

【解析】本题考查记账凭证的基本内容。

17. AC

【解析】本题考查各类会计账簿的适用范围。日记账可以采用三栏式也可以采用多栏式，所以 A 选项是错误的。多栏式明细分类账适用于成本、费用类科目的明细核算，所以选项 C 也是错误的。

18. ACD

【解析】本题考查备查账簿的内容。固定资产卡片属于企业的固定资产明细账。

19. CD

【解析】本题考查会计账簿的登记。现金日记账和银行存款日记账必须逐日结出余额。

20. ABD

【解析】本题考查各种账务处理程序的主要区别。各种账务处理程序的主要区别是登记总账的依据不同。记账凭证账务处理程序根据记账凭证逐笔登记总分类账，汇总记账凭证账务处理程序根据汇总记账凭证登记总分类账。科目汇总表账务处理程序根据科目汇总表登记总分类账。

三、判断题

1. ×

【解析】本题考查借贷记账法的记账规则。借贷记账法要求对于每一项经济业务都要在两个或两个以上的账户中以借方和贷方相等的金额进行登记。

2. √

【解析】本题考查财务报表的组成。

3. √

【解析】本题考查现金的使用。

4. ×

【解析】本题考查财产清查的处理。财产清查结束后，企业应根据"清查结果报告表"、"盘点报告表"等已经查实的数据资料，编制记账凭证，记入有关账簿，使账簿记录与实际盘存数相符，同时将财产清查结果及处理建议报送股东大会或董事会，或经理（厂长）会议或类似机构批准。

5. √

【解析】本题考查会计机构的设置。

6. √

【解析】本题考查未分配利润的含义。未分配利润是指企业实现的净利润经过弥补亏损、提取盈余公积和向投资者分配利润后留存于企业的、历年结存的利润。它有两层含义：一是留待以后年度分配的利润；二是未指定用途的利润。

7. ×

【解析】本题考查主要经济业务的核算。对已确认为坏账的应收账款，并不意味着企业放弃了追索权，一旦重新收回，应及时入账。

8. ×

【解析】本题考查存货发出的计价方法。企业可以根据不同的存货性质来选择不同存货计价方法，也就是说可以同时选择不同的计价方法。

9. √

【解析】本题考查会计主体假设。会计主体可以是独立法人，也可以是非法人（比如合伙经营企业）。

10. ×

【解析】本题考查固定资产盘亏的处理。经批准转销固定资产盘亏净损失时，借记"营业外支出"科目，贷记"待处理财产损溢"科目。

11. ×

【解析】本题考查负债的定义。负债必须是现时义务，将来可能承担的义务不是负债。

12. √

【解析】本题考查借贷记账法的记账规则。根据"有借必有贷、借贷必相等"的记账规则，一个会计主体一定期间内的全部账户的借方发生额合计与贷方发生额合计一定相等。

13. ×

【解析】本题考查遗失原始凭证的处理。从外单位取得的原始凭证遗失时，应取得原签发单位盖有公章的证明，并注明原始凭证的号码、金额、内容等，由经办单位会计机构负责人、会计主管人员和单位负责人批准后，才能代作原始凭证。若确实无法取得证明的，如车票丢失，则应由当事人写明详细情况，由经办单位会计机构负责人、会计主管人员和单位负责人批准后，代作原始凭证。

14. √

【解析】本题考查利润的内容。

15. ×

【解析】本题考查资本的定义。资本是投资者为开展生产经营活动而投入的资金，所以会计上的资本专指所有者权益中投入的资本。

16. ×

【解析】本题考查总分类科目与明细分类科目的区别和联系。明细分类科目是对总分类科目做进一步分类、提供更详细更具体会计信息的科目。

17. ×

【解析】本题考查账户的基本结构。账户的基本结构还包括凭证编号。

18. √

【解析】本题考查应交税费账户的结构。应交税费账户期末余额 = 35 000 + 36 000 − 28 000 = 43 000(元)。

19. ×

【解析】本题考查会计分录的编制。会计处理中也可以编制多借多贷的会计分录。

20. √

【解析】本题考查原始凭证的定义。

全国会计从业资格考试
《会计基础》
模拟试题（二）

一、**单项选择题**(本类题共40小题，每小题1分，共40分。在每小题给出的四个备选答案中，只有一个符合题意的正确答案，请将所选答案的字母填在题后的括号内。多选、错选、不选均不得分。)

1. 企业对某项固定资产计提减值准备，体现了(　　)信息质量要求。

　　A. 客观性　　　　　　B. 可比性　　　　　　C. 谨慎性　　　　　　D. 重要性

2. 关于会计科目的设置，下列说法正确的是(　　)。

　　A. 企业必须严格遵守《企业会计准则——应用指南》的规定设置科目，不得增加和减少，更不得合并和分拆

　　B. 企业必须使用全部的会计科目

　　C. 企业可以根据实际需要，按照自己的意愿和需要设置会计科目，只要按照国家规定的格式和项目编制财务报表即可

　　D. 企业在合法性的基础上，可以根据实际情况增设、分拆、合并会计科目

3. 下列各项中，可以作为调整账面记录的原始凭证的是(　　)。

　　A. 经济合同　　　　　　　　　　　B. 实存账存对比表

　　C. 银行存款余额调节表　　　　　　D. 往来款项对账单

4. 下列说法正确的是(　　)。

　　A. 现金支票既可以提取现金，也可以办理转账；转账支票只能用于转账，不能支取现金

　　B. 支票的提示付款期限为15天

　　C. 赊销商品的款项，不得办理托收承付结算

　　D. 托收承付结算每笔的金额起点为1 000元，新华书店系统每笔结算的金额起点为10 000元

5. 下列各项中，不属于自制原始凭证的是(　　)。

　　A. 差旅费报销单

　　B. 产品入库单

　　C. 购买材料时取得的增值税专用发票

　　D. 销售商品时开具的增值税专用发票

6. 下列各项中，不属于损益类账户的是(　　)。

　　A. 管理费用　　　　B. 制造费用　　　　C. 财务费用　　　　D. 销售费用

7. 下列事项中，能够引起资产总额增加的是(　　)。

　　A. 以银行存款偿还债务　　　　　　B. 接受投资者投入的固定资产

　　C. 从银行提取现金　　　　　　　　D. 将资本公积转增资本

8. 账账核对不包括( )。

    A. 总账各账户余额核对   B. 总账与明细账之间的核对

    C. 总账与备查账之间的核对   D. 总账与日记账的核对

9. 某企业盘点中发现因自然灾害损失一台设备,该设备账面原值 50 000 元,已计提折旧 10 000 元。根据事先签订的保险合同,保险公司应赔偿 30 000 元,则扣除保险公司赔偿后剩余的损失 10 000 元应计入( )科目。

    A. 累计折旧   B. 营业外支出   C. 管理费用   D. 资本公积

10. 下列不作为本企业固定资产核算的是( )。

    A. 经营租出的固定资产   B. 投资者投入的固定资产

    C. 融资租入的固定资产   D. 融资租出的固定资产

11. 某企业材料因管理不善发生霉烂变质损失 100 公斤,单价为 200 元/公斤,购货增值税专用发票上注明的增值税为 3 400 元,在报经批准前,以下账务处理正确的是( )。

    A. 借:待处理财产损溢   20 000

          贷:原材料   20 000

    B. 借:原材料   20 000

          贷:待处理财产损溢   20 000

    C. 借:待处理财产损溢   23 400

          贷:原材料   20 000

          应交税费——应交增值税(进项税额转出)   3 400

    D. 借:待处理财产损溢   23 400

          贷:原材料   20 000

          应交税费——应交增值税(销项税额)   3 400

12. 区分不同账务处理程序的根本标志是( )。

    A. 编制汇总原始凭证的依据不同   B. 编制记账凭证的依据不同

    C. 登记总分类账的依据不同   D. 编制会计报表的依据不同

13. 国家机关销毁会计档案时,应由( )派员参加监销。

    A. 同级财政部门   B. 同级财政部门、审计部门

    C. 同级审计部门   D. 上级财政部门、审计部门

14. 账户的基本结构不包括( )。

    A. 账户名称   B. 经济业务的日期

    C. 启用日期   D. 经济业务摘要

15. 存货盘盈时,经有关部门批准后应计入( )科目的贷方。

    A. 营业外收入   B. 管理费用   C. 财务费用   D. 营业外支出

以下16~20题根据下表所给出的 B 企业 2010 年 12 月 31 日有关损益类账户结账前的余额进行计算选择。

账户名称	借方余额	贷方余额
主营业务收入		600 000
主营业务成本	400 000	
营业税金及附加	35 000	
其他业务收入		5 000
其他业务成本	2 000	
管理费用	65 000	
销售费用	20 000	
财务费用	3 300	
营业外收入		1 000
营业外支出	2 700	

16. 根据上表中的资料,下列各项不正确的是(   )。

A. B 企业利润总额为 79 700 元

B. B 企业营业利润金额为 79 700 元

C. B 企业期末本年利润账户余额为零

D. B 企业期末损益类账户余额为零

17. B 企业根据利润总额计算并结转本期所得税费用,适用的企业所得税税率为25%,不考虑其他因素,则下列各项不正确的是(   )。

A. 利润总额为 78 000 元

B. 所得税费用为 19 500 元

C. 应交税费账户期末余额为零

D. 借: 所得税费用   19 500

贷: 应交税费——应交所得税   19 500

18. 关于 B 企业的利润,下列各项正确的是(   )。

A. B 企业本年净利润为 58 500 元

B. B 企业本年净利润为 78 000 元

C. B 企业本年净利润为 79 700 元

D. B 企业本年税前利润为 58 500 元

19. 假设 B 企业本年按照净利润的10%计提法定盈余公积,将本年净利润的50%分配现金股利,则以下正确的是(   )。

A. 借: 本年利润   5 850

贷: 盈余公积——法定盈余公积   5 850

B. 借: 利润分配——应付现金股利   29 250

贷: 应付股利   29 250

C. 借: 利润分配——未分配利润   5 850

贷: 盈余公积——法定盈余公积   5 850

D. 借: 利润分配——未分配利润   29 250

贷: 应付股利   29 250

18

20. 假设不考虑期初余额，关于 B 企业的利润分配账户，以下说法正确的是(   )。

    A. 利润分配——提取法定盈余公积的期末余额为 5 850 元

    B. 利润分配——应付现金股利期末余额为 29 250 元

    C. 企业累计未分配利润为 23 400 元

    D. 企业利润分配期末余额为 58 500 元

21. 根据权责发生制原则，以下属于本期的收入和费用的是(   )。

    A. 一次性支付的三年房屋租金   B. 本期已经收款，但商品尚未制造完成

    C. 当期按照税法规定预缴的税费   D. 商品在本期销售，但货款尚未收到

22. 下列属于最基本的会计等式的是(   )。

    A. 资产 = 负债 + 所有者权益

    B. 资产 = 负债 + 所有者权益 + (收入 – 费用)

    C. 资产 = 负债 + 所有者权益 + 利润

    D. 收入 – 费用 = 利润

23. 某项经济业务的发生仅涉及某一要素中的两个项目时，则必然引起该要素中的这两个项目发生(   )。

    A. 同增变动   B. 同减变动   C. 一增一减变动   D. 不变动

24. 下列各项中，不属于特定主体的资金运动的是(   )。

    A. 资金投入   B. 资金增值   C. 资金运用   D. 资金退出

25. 下列各项中，应在账户借方核算的是(   )。

    A. 负债的增加额   B. 所有者权益的增加额

    C. 收入的增加额   D. 资产的增加额

26. 某企业预借给职工差旅费 1 000 元，会计人员在作账务处理时，误将"其他应收款"科目填为"其他货币资金"科目，并登记入账，则正确的更正方法是：红字注销，借记"其他货币资金"科目 1 000 元，贷记"库存现金"科目 1 000 元，然后用蓝字编制凭证，会计分录为(   )。

    A. 借：库存现金   1 000

          贷：其他货币资金   1 000

    B. 借：其他货币资金   1 000

          贷：其他应收款   1 000

    C. 借：其他应收款   1 000

          贷：库存现金   1 000

    D. 借：其他应收款   1 000

          贷：其他货币资金   1 000

27. 某有限责任公司收到投资者投入的货币资金 2 000 000 元，款项已存入该公司银行账户，假设无资本溢价，则该公司应编制会计分录为(   )。

    A. 借：银行存款   2 000 000

          贷：主营业务收入   2 000 000

    B. 借：银行存款   2 000 000

          贷：应付账款   2 000 000

    C. 借：银行存款   2 000 000

　　　　　贷：实收资本　　　　　　　　　　　　　　　　　　　2 000 000
　　　D. 借：银行存款　　　　　　　　　　　　　　　　　　　2 000 000
　　　　　贷：资本公积　　　　　　　　　　　　　　　　　　　2 000 000

28. 关于借贷记账法的试算平衡，下列说法不正确的是(　　　)。
　　A. 试算平衡包括发生额试算平衡法和余额试算平衡法
　　B. 试算不平衡，表明账户记录肯定有错误
　　C. 试算平衡了，说明账户记录一定正确
　　D. 发生额试算平衡法的理论依据是"有借必有贷、借贷必相等"

29. 需要查阅已入档的会计凭证时必须办理借阅手续，其他单位因特殊原因需要使用原始凭证时，经(　　　)批准，可以复制。
　　A. 保管人员　　　　　　　　　　　　B. 总会计师
　　C. 总经理　　　　　　　　　　　　　D. 本单位会计机构负责人、会计主管人员

30. 在会计业务处理中，将现金存入银行应编制(　　　)。
　　A. 现金收款凭证　　　　　　　　　　B. 银行存款收款凭证
　　C. 现金付款凭证　　　　　　　　　　D. 银行存款付款凭证

31. 下列各项中，不属于专用原始凭证的是(　　　)。
　　A. 银行转账结算凭证　　　　　　　　B. 领料单
　　C. 折旧计算表　　　　　　　　　　　D. 工资费用分配表

32. 下列各项中，属于一次凭证和累计凭证的主要区别是(　　　)。
　　A. 一次凭证是记载一笔经济业务，累计凭证是记载多笔经济业务
　　B. 累计凭证是自制原始凭证，一次凭证是外来原始凭证
　　C. 累计凭证填制的手续是多次完成的，一次凭证填制的手续是一次完成的
　　D. 累计凭证是汇总凭证，一次凭证是单式凭证

33. 下列各项中，不属于原始凭证的基本内容的是(　　　)。
　　A. 接受凭证单位的全称　　　　　　　B. 交易或事项的内容、数量、单价和金额
　　C. 经办人员签名或盖章　　　　　　　D. 应记会计科目名称和记账方向

34. 下列做法不正确的是(　　　)。
　　A. 现金日记账采用三栏式账簿　　　　B. 原材料明细账采用数量金额式账簿
　　C. 生产成本明细账采用三栏式账簿　　D. 制造费用明细账采用多栏式账簿

35. 在月末结账前发现所填制的记账凭证错误导致账簿记录错误，将 5 600 元误记为 6 500 元，按照有关规定，应采用的错账更正方法是(　　　)。
　　A. 划线更正法　　　B. 红字更正法　　　C. 补充登记法　　　D. 平行登记法

36. 下列各项中，不宜采用三栏式账页格式的明细账是(　　　)。
　　A. 应收账款明细账　　　　　　　　　B. 应付账款明细账
　　C. 短期借款明细账　　　　　　　　　D. 生产成本明细账

37. 下列各项中，属于账账核对的是(　　　)。
　　A. 银行存款日记账与银行对账单的核对
　　B. 债权债务明细账与对方单位债权债务明细账的核对
　　C. 账簿记录与原始凭证的核对
　　D. 会计部门财产物资明细账与仓库保管部门财产物资明细账的核对

38. 下列各项中，不属于科目汇总表账务处理程序优点的是(　　)。
    A. 科目汇总表的编制和使用较为简便，易学易做
    B. 可以清晰地反映科目之间的对应关系
    C. 可以大大减少登记总分类账的工作量
    D. 科目汇总表可以起到试算平衡的作用，保证总账登记的正确性

39. 关于往来款项的清查，下列说法不正确的是(　　)。
    A. 往来款项的清查一般采用发函询证法
    B. 要按每一个经济往来单位填制"往来款项对账单"
    C. 对方单位经过核对后，在回联单上加盖公章退回，表示核对不符
    D. 如经核对不符，对方应在回联单上注明情况，退回本单位进一步查明原因，再行核对，直到相符为止

40. 各单位每年形成的会计档案，都应由(　　)按照归档的要求，负责整理立卷，装订成册，编制会计档案保管清册。
    A. 会计机构　　　　B. 档案部门　　　　C. 人事部门　　　　D. 指定专人

二、**多项选择题**(本类题共20小题，每小题2分，共40分。在每小题给出的四个备选答案中，有两个或两个以上符合题意的正确答案，请将所选答案的字母填在题后的括号内。多选、少选、错选、不选均不得分。)

1. 对经审核有误的原始凭证，正确的处理方法有(　　)。
   A. 由出具单位重开或更正
   B. 由本单位的会计人员代为更正
   C. 金额错误的，可由出具单位在原始凭证上更正
   D. 金额错误的，应当由出具单位重开

2. 工业企业发生的下列各项业务中，取得的收入应计入到其他业务收入的有(　　)。
   A. 销售原材料　　B. 出售固定资产　　C. 出租无形资产　　D. 销售商品

3. 银行存款日记账余额与银行对账单余额不一致，原因可能有(　　)。
   A. 银行存款日记账记账有误　　　　　B. 银行记账有误
   C. 存在未达账项　　　　　　　　　　D. 存在企业与银行均未付的款项

4. 下列各项，不应反映在交易性金融资产的初始计量金额中的有(　　)。
   A. 支付的手续费　　　　　　　　　　B. 债券的买入价
   C. 支付的印花税　　　　　　　　　　D. 已到付息期但尚未领取的利息

5. 下列各项中，应通过"固定资产清理"账户核算的有(　　)。
   A. 固定资产出售　　B. 固定资产报废　　C. 固定资产毁损　　D. 固定资产盘亏

6. 下列各项中，属于核算营业利润涉及的账户的有(　　)。
   A. 主营业务收入　　　　　　　　　　B. 其他业务成本
   C. 营业外支出　　　　　　　　　　　D. 营业税金及附加

7. 下列各项中，应计入外购厂房成本的有(　　)。
   A. 买价　　　　　B. 评估费　　　　C. 相关手续费　　　D. 增值税

8. 下列各项中，符合借贷记账法记账规则的有(　　)。
   A. 资产类账户增加记贷方，减少记借方
   B. 负债类账户增加记贷方，减少记借方

C. 收入类账户增加记贷方，减少记借方

D. 费用类账户增加记贷方，减少记借方

9. 一套完整的财务报表应当包括(　　)。

　　A. 资产负债表　　　　　　　　　　　B. 利润表

　　C. 现金流量表　　　　　　　　　　　D. 所有者(股东)权益变动表

10. 某企业材料按计划成本核算，"原材料"账户期末余额为80 000元，如果：

　　(1)"材料成本差异"账户为借方余额6 000元；

　　(2)"材料成本差异"账户为贷方余额5 000元。

　　上述两种情况下原材料的实际成本分别为(　　)元。

　　A. 86 000　　　　B. 74 000　　　　　C. 85 000　　　　　D. 75 000

11. 下列(　　)属于企业的流动负债。

　　A. 预收款项　　　B. 预付款项　　　　C. 应交税费　　　　D. 应付职工薪酬

12. 下列说法正确的有(　　)。

　　A. 会计人员只能核算和监督所在主体的经济业务，不能核算和监督其他主体的经济业务

　　B. 会计主体可以是企业中的一个特定部分，也可以是几个企业组成的企业集团

　　C. 会计主体一定是法律主体

　　D. 会计主体假设界定了从事会计工作和提供会计信息的空间范围

13. 下列关于会计核算的基本前提的描述正确的有(　　)。

　　A. 会计核算的四项基本前提具有相互依存、相互补充的关系

　　B. 没有会计主体，就不会有持续经营

　　C. 没有持续经营，就不会有会计分期

　　D. 没有货币计量，就不会有现代会计

14. 下列各项中，最终不会引起资产和所有者权益同时变动的有(　　)。

　　A. 接受新投资者货币投资　　　　　　B. 以银行存款偿还所欠货款

　　C. 盈余公积转增资本　　　　　　　　D. 以银行存款购入办公楼一幢

15. 下列各项中，属于有价证券的有(　　)。

　　A. 银行本票　　　B. 国库券　　　　　C. 股票　　　　　　D. 企业债券

16. 某项经济业务的账务处理，只涉及两个账户一个资产账户记借方，则有可能(　　)。

　　A. 另一个资产账户记贷方　　　　　　B. 另一个负债账户记贷方

　　C. 另一个所有者权益类账户记贷方　　D. 另一个资产账户记借方

17. 下列会计科目中，属于资产类科目的有(　　)。

　　A. 预收账款　　　B. 预付账款　　　　C. 应收账款　　　　D. 应付账款

18. 企业用银行存款偿还短期借款，引起(　　)。

　　A. 资产增加　　　B. 资产减少　　　　C. 负债增加　　　　D. 负债减少

19. 在原始凭证上书写阿拉伯数字，正确的有(　　)。

　　A. 有角无分的，分位不得用"—"代替

　　B. 无角分的，角位和分位写"00"或者符号"—"

　　C. 有角无分的，分位应当写"0"

　　D. 有角无分的，分位也可以用符号"—"代替

20. 下列业务中，可以确认收入的有(　　)。

22

A. 销售商品 B. 提供劳务
C. 出租固定资产 D. 出售固定资产

三、判断题(本类题共20小题，每小题1分，共20分。认为正确的，在题后的括号内写"√"；认为错误的，在题后的括号内写"×"。判断正确的得1分，判断错误的扣0.5分，不答不得分也不扣分。本类题最低为零分。)

1. 费用明细账一般均采用三栏式账簿。　　　　　　　　　　　　　　　　（　　）

2. "固定资产"账户的期末借方余额，反映期末实有固定资产的原价。　　（　　）

3. 对于保管期满但尚未结清的债权债务以及涉及其他未了事项的原始凭证不得销毁，应单独抽出另行立卷，由档案部门保管，直至事项完结为止。　　　　　　　　（　　）

4. 用现金购买三个月内到期的国库券会导致企业的现金流量发生变化。　（　　）

5. 由于编制的记账凭证会计科目错误，导致账簿记录错误，更正时，可以将错误的会计科目划红线注销，然后在划线上方填写正确的会计科目。　　　　　　　　（　　）

6. 原始凭证按其来源不同，可以分为外来原始凭证和自制原始凭证。　　（　　）

7. 余额试算平衡是由"资产＝负债＋所有者权益"的恒等关系决定的。　　（　　）

8. 凡是特定主体能够以货币表现的经济活动，都是会计核算和监督的内容，即会计对象，会计对象就是能用货币表现的各种经济活动。　　　　　　　　　　　　　　（　　）

9. 企业交由他人委托代销的商品，未售出时仍属于企业资产负债表中的存货项目。（　　）

10. 利润总额＝营业利润＋投资净收益＋营业外收支净额－所得税费用。　（　　）

11. 企业的利得和损失包括直接计入所有者权益的利得和损失以及直接计入当期损益的利得和损失。　　　　　　　　　　　　　　　　　　　　　　　　　　　（　　）

12. 企业如果在一定期间内发生了亏损，则期末所有者权益必定减少。　　（　　）

13. 企业发生的各种经济业务事项可以在企业随意设计的会计账簿上登记。（　　）

14. 成本类科目包括制造费用、生产成本及主营业务成本等科目。　　　　（　　）

15. 会计科目与账户都是对会计对象具体内容的科学分类，两者口径一致，性质相同，具有相同的格式和结构。　　　　　　　　　　　　　　　　　　　　　　（　　）

16. 运用单式记账法记录经济业务，可以反映每项经济业务的来龙去脉，可以检查每笔业务是否合理、合法。　　　　　　　　　　　　　　　　　　　　　　　（　　）

17. 记账人员根据记账凭证记账后，在"记账符号"栏内作"√"记号，表示该笔金额已记入有关账户，以免漏记或重记。　　　　　　　　　　　　　　　　　　　　（　　）

18. 会计科目按其归属的会计要素不同，分为资产类、负债类、所有者权益类、成本类和损益类五大类。　　　　　　　　　　　　　　　　　　　　　　　　　　（　　）

19. 记账凭证上的日期是经济业务发生的日期。　　　　　　　　　　　　（　　）

20. 各种账务处理程序最根本的区别在于登记总账的方法和依据不同。　（　　）

模拟试题(二)参考答案及详细解析

一、单项选择题

1. C

【解析】本题考查会计信息质量要求的内容。对资产计提减值准备体现了谨慎性的信息质量要求，所以本题选 C。

2. D

【解析】本题考查会计科目的设置。根据实用性原则，企业在合法性的基础上，可以根据实际情况增设、分拆、合并会计科目。

3. B

【解析】本题考查可以作为调整账面记录的原始凭证的范围。

4. C

【解析】本题考查现金支票和托收承付结算。现金支票只可以提取现金，不可以办理转账；转账支票只能用于转账，不能支取现金；支票的提示付款期限为 10 天；代销、寄销、赊销商品的款项，不得办理托收承付结算；托收承付结算每笔的金额起点为 10 000元，新华书店系统每笔结算的金额起点为 1 000 元。

5. C

【解析】本题考查自制原始凭证的内容。选项 C 属于外来原始凭证。

6. B

【解析】本题考查损益类账户的内容。制造费用属于成本类账户。

7. B

【解析】本题考查经济业务发生对会计要素的影响。选项 B 的会计处理是：借记"固定资产"，贷记"实收资本"等，导致资产总额增加；选项 A 引起资产和负债同时减少；选项C 引起资产内部增减变动，资产总额不变；选项 D 引起所有者权益内部增减变动，不会引起资产总额的变动。

8. C

【解析】本题考查账账核对包括的内容。账账核对是指核对不同会计账簿之间的账簿记录是否相符，主要包括四方面：(1)总账有关账户的余额核对；(2)总账与明细账核对；(3)总账与日记账(序时账)核对；(4)明细账之间的核对。

9. B

【解析】本题考查财产清查的处理。因自然灾害造成的固定资产盘亏净损失应记入"营业外支出"科目。

10. D

【解析】本题考查固定资产的核算范围。"经营租出的固定资产"的所有权和控制权均没有转移，作为本企业的固定资产核算；"融资租出的固定资产"的控制权归对方，作为对方的固定资产核算，不作为本企业的固定资产核算。

11. C

【解析】本题考查财产清查的账务处理。原材料的盘亏或毁损批准前应该先转入"待处理财产损溢"账户，本题是材料因管理不善发生霉烂变质造成的损失应该作进项税额转出处理。

12. C

【解析】本题考查账务处理程序的区别。

13. B

【解析】本题考查会计档案的销毁。国家机关销毁会计档案时，应由同级财政部门、审计部门派员参加监销。

14. C

【解析】本题考查账户的基本结构。账户的基本结构具体包括以下内容：①账户的名称（即会计科目）；②记录经济业务的日期；③所依据记账凭证编号；④经济业务摘要；⑤增加和减少的金额；⑥余额（包括期初余额和期末余额）。

15. B

【解析】本题考查财产清查的账务处理。

本题的分录是：

借：待处理财产损溢

　　贷：管理费用

16. A

【解析】本题考查财务报表数据的计算。

营业利润 = (600 000 + 5 000) − (400 000 + 2 000) − 35 000 − 65 000 − 20 000 − 3 300 = 79 700(元)；利润总额 = 79 700 + 1 000 − 2 700 = 78 000(元)。

17. C

【解析】本题考查所得税的计算及相关账务处理。所得税费用 = 78 000 × 25% = 19 500(元)。

确认所得税费用的账务处理为：

借：所得税费用　　　　　　　　　　　　　　　　　　　　　　　19 500

　　贷：应交税费——应交所得税　　　　　　　　　　　　　　　　19 500

18. A

【解析】本题考查利润的计算。净利润 = 利润总额 − 所得税费用 = 78 000 − 19 500 = 58 500(元)。

19. B

【解析】本题考查计提法定盈余公积和分配现金股利的账务处理。

提取法定盈余公积的分录是：

借：利润分配——提取法定盈余公积　　　　　　　　　　　　　　5 850

　　贷：盈余公积——法定盈余公积　　　　　　　　　　　　　　　5 850

20. C

【解析】本题考查利润分配账户的核算。期末利润分配除未分配利润以外其他明细科目的余额应该转入未分配利润明细科目，因此利润分配——提取法定盈余公积和利润分配——应付现金股利的期末余额应该是零；利润分配——未分配利润明细科目的金额 = 58 500 − 5 850 − 29 250 = 23 400(元)，这个金额也就是利润分配账户的期末余额。

21. D

【解析】本题考查权责发生制下收入和费用的确认。权责发生制要求凡是当期已经实现的收入和已经发生或应负担的费用，无论款项是否支付，都应当作为当期的收入和费用。

22. A

【解析】本题考查最基本的会计等式。"资产 = 负债 + 所有者权益"是企业最基本的会计等式。

23. C

【解析】本题考查经济业务对会计要素的影响。如果一项业务只涉及某一个会计要素中的两个项目，那么会计分录中的借、贷方都是这个会计要素中的项目，借贷方向相反，这两个项目肯定是一增一减变动。

24. B

【解析】本题考查资金运动的内容。企业的资金运动包括三个基本环节：资金的投入、资金的循环与周转(即资金的运用)和资金的退出。

25. D

【解析】本题考查账户的结构。资产类、成本类和费用类账户借方登记增加额，贷方登记减少额；负债类、收入类、所有者权益类账户借方登记减少额，贷方登记增加额。由此可知，ABC三项应在账户的贷方核算。

26. C

【解析】本题考查红字更正法的处理。本题应该采用红字更正法，方法是：用红字填制一张与原记账凭证完全相同的记账凭证，以示注销原记账凭证，然后用蓝字填写一张正确的记账凭证，并据以记账。

27. C

【解析】本题考查接受投资的账务处理。有限责任公司接受投资者投入货币资金应增加企业的实收资本。因此选项C正确。

28. C

【解析】本题考查试算平衡的内容。试算平衡了，不能说明账户记录绝对正确，因为有些错误不会影响借贷双方的平衡关系。如：漏记某项经济业务；重记某项经济业务；对相互对应的账户都以大于或小于正确金额的数字进行记账(借贷错误巧合，正好抵销)；对应账户的同方向串户(同方向记错账户)；记错方向，借贷相反等。

29. D

【解析】本题考查会计档案的查阅和复制。需要查阅已入档的会计凭证时必须办理借阅手续，其他单位因特殊原因需要使用原始凭证时，经本单位会计机构负责人、会计主管人员批准，可以复制。

30. C

【解析】本题考查记账凭证的编制。对于涉及"库存现金"和"银行存款"之间的经济业务，为了避免重复记账，一般只编制付款凭证，不编制收款凭证。因此，该题应编制现金付款凭证。

31. A

【解析】本题考查原始凭证的分类。银行转账结算凭证属于通用原始凭证。

32. C

【解析】本题考查一次凭证和累计凭证的主要区别。累计凭证填制的手续是多次完成的，一次凭证填制的手续是一次完成的，这是一次凭证和累计凭证的主要区别。

33. D

【解析】本题考查原始凭证的基本内容。应记会计科目名称和记账方向是记账凭证的基本内容。

34. C

【解析】本题考查各种会计账簿的适用范围。多栏式账簿一般适用于成本、费用类的明细账，选项 C 应采用多栏式账簿。

35. B

【解析】本题考查错账更正方法。

36. D

【解析】本题考查三栏式账簿的适用范围。各种日记账、总分类账以及资本、债权、债务明细账可采用三栏式账簿；收入、费用明细账一般采用多栏式账簿；原材料、库存商品、产成品等明细账一般采用数量金额式账簿。

37. D

【解析】本题考查账账核对的内容。选项 A 是银行存款的账实核对；选项 B 是债权债务的账实核对；选项 C 是账证核对；选项 D 是账账核对，故答案为 D。

38. B

【解析】本题考查科目汇总表账务处理程序的优点。科目汇总表账务处理程序的优点：可以简化总分类账的登记工作，减轻了登记总分类账的工作量，并可以做到试算平衡，简明易懂，方便易学。科目汇总表账务处理程序的缺点是不能清晰地反映各科目的对应关系。

39. C

【解析】本题考查往来款项的清查。对方单位经过核对后，在回联单上加盖公章退回，表示核对相符。

40. A

【解析】本题考查会计档案的归档。根据《会计档案管理办法》，各单位每年形成的会计档案，都应由会计机构按照归档的要求，负责整理立卷，装订成册，编制会计档案保管清册。

二、多项选择题

1. AD

【解析】本题考查原始凭证错误的处理。原始凭证有误的，应当由出具原始凭证的单位重开或更正，更正处应当加盖出具原始凭证单位的印章。原始凭证金额有误的不得在原始凭证上更正，只能由出具单位重开。

2. AC

【解析】本题考查其他业务收入的核算内容。其他业务收入是企业除主营业务以外的其他销售或经营其他业务所取得的收入。如原材料销售、包装物出租、固定资产出租、无形资产出租(转让无形资产使用权)等取得的收入。出售固定资产不属于企业的日常经营活动，不通过其他业务收入核算；销售商品收入应计入到主营业务收入中。

3. ABC

【解析】本题考查对账的内容。银行存款日记账与开户银行转来的对账单余额不一致的原因有两个方面：一是双方或一方记账有错误；二是存在未达账项。因此，选项 A、B、C 三种情况都有可能会导致银行存款日记账与银行对账单两者余额不一致。

4. ACD

【解析】本题考查交易性金融资产的入账价值。取得交易性金融资产支付的交易费用应计入投资收益；支付的印花税应计入投资收益；取得交易性金融资产所支付的价款中包含了已宣告但尚未发放的现金股利或已到付息期但尚未领取的债券利息，应单独计入

"应收股利"或"应收利息"科目核算。

5. ABC

【解析】本题考查"固定资产清理"账户核算的内容。"固定资产清理"账户核算企业因出售、报废和毁损等原因转入清理的固定资产价值以及清理过程中发生的清理费用和清理收入等。选项 D 固定资产盘亏应该通过"待处理财产损溢"账户核算。

6. ABD

【解析】本题考查营业利润项目的组成。营业利润 = 营业收入 – 营业成本 – 营业税金及附加 – 销售费用 – 管理费用 – 财务费用 – 资产减值损失 + 公允价值变动收益(– 公允价值变动损失) + 投资收益(– 投资损失),其中,营业收入包括主营业务收入和其他业务收入,营业成本包括主营业务成本和其他业务成本,营业外支出不影响企业的营业利润。

7. ABCD

【解析】本题考查外购厂房成本的核算。外购厂房的成本包括买价、相关税费,以及达到预定可使用状态前所发生的可直接归属于该资产的相关手续费等。

8. BC

【解析】本题考查借贷记账法的记账规则。借贷记账法的记账规则是资产类账户借方表示增加、贷方表示减少;负债类账户贷方表示增加、借方表示减少;收入类账户借方表示减少、贷方表示增加;费用类账户借方表示增加,贷方表示减少。

9. ABCD

【解析】本题考查财务报表的组成。一套完整的财务报表应当包括资产负债表、利润表、现金流量表、所有者(股东)权益变动表以及附注。

10. AD

【解析】本题考查计划成本的核算。"材料成本差异"账户为借方余额 6 000 元,为超支差,所以原材料的实际成本 = 80 000 + 6 000 = 86 000(元);"材料成本差异"账户为贷方余额5 000元,为节约差,所以原材料的实际成本 = 80 000 – 5 000 = 75 000(元)。

11. ACD

【解析】本题考查流动负债的内容。预付款项属于流动资产,而非流动负债。

12. ABD

【解析】本题考查会计主体的内容。会计主体与法律主体并不是对等的概念,法律主体可作为会计主体,但会计主体不一定是法律主体。

13. ABCD

【解析】本题考查会计基本假设的内容。

14. BCD

【解析】本题考查经济业务对会计要素的影响。

选项 A 的分录:

借:银行存款

　　贷:实收资本等

同时引起了资产和所有者权益的变动。

选项 B 的分录:

借:应付账款

　　贷:银行存款

负债减少，资产减少，所有者权益不变。

选项 C 的分录：

借：盈余公积

　　贷：实收资本

所有者权益内部一增一减，总额不变。

选项 D 的分录：

借：固定资产

　　贷：银行存款

资产内部一增一减，总额不变。

15. BCD

　　【解析】本题考查有价证券的内容。银行本票属于企业的款项。

16. ABC

　　【解析】本题考查账户的结构。判断依据：资产＝负债＋所有者权益。

17. BC

　　【解析】本题考查资产类科目包含的内容。预付账款和应收账款属于资产类科目，预收账款和应付账款属于负债类科目。

18. BD

　　【解析】本题考查经济业务对会计要素的影响。用银行存款偿还短期借款借记"短期借款"，贷记"银行存款"，导致资产和负债同时减少。

19. ABC

　　【解析】本题考查原始凭证的填制。有角无分的，分位写"0"，不得用符号"—"代替。

20. ABC

　　【解析】本题考查收入的确认。收入是企业在日常经营活动中产生的，出售固定资产是偶尔发生的业务，处置固定资产所流入企业的经济利益是利得，不能确认为收入。

三、判断题

1. ×

　　【解析】本题考查费用明细账的格式。收入、费用明细账一般采用多栏式账簿。

2. √

　　【解析】本题考查固定资产账户核算内容。

3. √

　　【解析】本题考查会计档案的销毁。

4. ×

　　【解析】本题考查影响现金流量变动的因素。三个月内到期的国库券属于现金等价物，此业务导致现金和现金等价物一增一减，不影响企业的现金流量。

5. ×

　　【解析】本题考查错账更正方法的适用范围。本题适用的方法是红字更正法而不是划线更正法。因为红字更正法是适用于凭证和账簿均发生错误，而划线更正法适用于凭证正确但账簿错误的情况。

6. √

　　【解析】本题考查原始凭证的种类。

7. √

【解析】本题考查试算平衡的理论依据。

8. √

【解析】本题考查会计对象的定义。

9. √

【解析】本题考查资产负债表中存货项目的范围。

10. ×

【解析】本题考查利润总额的计算。利润总额 = 营业利润 + 营业外收入 – 营业外支出；净利润 = 利润总额 – 所得税费用。

11. √

【解析】本题考查利得和损失的内容。

12. ×

【解析】本题考查经济业务对会计要素的影响。发生亏损会减少所有者权益，但是影响期末所有者权益的因素很多，如果某个事项增加当期的所有者权益，并且这个增加的金额大于亏损导致的所有者权益的减少金额，那么期末所有者权益就应该是增加的，而不会减少，所以题干中的说法是不正确的。

13. ×

【解析】本题考查会计账簿的登记。企业发生的各种经济业务事项应当在依法设置的会计账簿上统一登记。

14. ×

【解析】本题考查成本类科目包含的内容。主营业务成本属于损益类科目。

15. ×

【解析】本题考查会计科目与账户的关系。会计科目是没有结构的。

16. ×

【解析】本题考查单式记账法的作用。单式记账法是指对于发生的每一项经济业务只在一个账户中进行记录的记账方法，运用单式记账法记录经济业务，不能反映每项经济业务的来龙去脉，不能检查每笔业务是否合理、合法。

17. √

【解析】本题考查记账的相关内容。

18. √

【解析】本题考查会计科目的分类。

19. ×

【解析】本题考查记账凭证的填制。记账凭证上的日期是编制记账凭证的日期。

20. √

【解析】本题考查各种账务处理程序的区别。

全国会计从业资格考试
《会计基础》
模拟试题(三)

一、单项选择题(本类题共 40 小题,每小题 1 分,共 40 分。在每小题给出的四个备选答案中,只有一个符合题意的正确答案,请将所选答案的字母填在题后的括号内。多选、错选、不选均不得分。)

1. 期间费用不包括(　　)。
   A. 制造费用　　　　B. 管理费用　　　　C. 财务费用　　　　D. 销售费用

2. 某企业于 1 月初用银行存款 1 500 元预付第一季度房租,1 月末仅将其中的 500 元计入本月费用,这符合(　　)的要求。
   A. 谨慎性　　　　B. 权责发生制　　　　C. 重要性　　　　D. 相关性

3. 下列各项中,符合会计要素收入定义的是(　　)。
   A. 出售材料收入　　　　　　　　　　B. 出售无形资产净收益
   C. 出售固定资产净收益　　　　　　　D. 向购货方收取的增值税销项税额

4. 下列银行结算方式中,应该通过应收或应付票据核算的是(　　)。
   A. 银行本票　　　　B. 银行汇票　　　　C. 支票　　　　D. 商业汇票

5. 某企业本期主营业务收入 5 万元,其他业务收入 2 万元,主营业务成本 3 万元,其他业务成本 1 万元,销售费用、管理费用、营业外支出分别为 0.3 万元,0.2 万元和 0.1 万元,该企业本期的营业利润为(　　)万元。
   A. 2.4　　　　B. 2.5　　　　C. 3　　　　D. 3.5

6. 下列属于反映企业财务状况的会计要素是(　　)。
   A. 收入　　　　B. 所有者权益　　　　C. 费用　　　　D. 利润

7. 某企业购买办公用品支付库存现金 1 500 元,会计人员在作账务处理时借贷方分别多记了 50 元,则应做的更正分录是(　　)。

   A. 借:管理费用　　　　　　　　　　　　　　　　　　　　　　　　　-50
   　　　贷:库存现金　　　　　　　　　　　　　　　　　　　　　　　　　-50

   B. 借:库存现金　　　　　　　　　　　　　　　　　　　　　　　　　-50
   　　　贷:管理费用　　　　　　　　　　　　　　　　　　　　　　　　　-50

   C. 借:管理费用　　　　　　　　　　　　　　　　　　　　　　　　　50
   　　　贷:库存现金　　　　　　　　　　　　　　　　　　　　　　　　　50

   D. 借:管理费用　　　　　　　　　　　　　　　　　　　　　　　　　-50
   　　　贷:银行存款　　　　　　　　　　　　　　　　　　　　　　　　　-50

8. 费用类账户的特点是(　　)。
   A. 借方登记费用的增加数　　　　　　B. 贷方登记费用的增加数

C. 期末余额在贷方　　　　　　　　　　　D. 期末余额在借方

9. 利润分配账户的期末借方余额表示(　　　)。
   A. 本期实现的净利润　　　　　　　　　B. 本期发生的净亏损
   C. 尚未分配的利润　　　　　　　　　　D. 尚未弥补的亏损

10. 企业的会计核算应当以(　　　)为基础。
    A. 实质重于形式　　B. 权责发生制　　　C. 可比性　　　　D. 收付实现制

11. 下列各项中不属于存货的是(　　　)。
    A. 委托加工物资　　B. 周转材料　　　　C. 原材料　　　　D. 工程物资

12. 关于记账要求，下列说法正确的是(　　　)。
    A. 一笔经济业务只能编制一张记账凭证
    B. 一张记账凭证只能附一张原始凭证
    C. 结账和更正错账的记账凭证可以不附原始凭证
    D. 所有的记账凭证都必须附原始凭证

13. 加强财产清查工作，充分发挥会计监督作用的重要意义不应包括(　　　)。
    A. 通过财产清查，可以保护财产的安全完整
    B. 通过财产清查，确保会计核算资料的真实可靠
    C. 通过财产清查，可以防止和打击各种腐败行为，维护国家财产不受侵犯
    D. 通过财产清查，可以挖掘财产物资潜力，促进财产物资的有效使用

14. 企业融资租入固定资产作为自有资产核算，体现了(　　　)信息质量要求。
    A. 实质重于形式　　B. 可比性　　　　　C. 谨慎性　　　　D. 重要性

15. 某商场销售一批商品，货款的小写金额为"￥50 009.40"，则发票的大写金额为(　　　)。
    A. 人民币五万零九元四角整　　　　　　B. 人民币伍万零玖元肆角整
    C. 人民币伍万零玖元肆角零分　　　　　D. 人民币伍万零玖元肆角零分整

根据以下资料完成第16—20题：

东大公司2010年2月末有关资料如下：

"原材料"采用实际成本法核算，其总账借方余额45 000元，其所属明细账的余额如下：

甲材料：300公斤　单价60元　共计18 000元

乙材料：200公斤　单价90元　共计18 000元

丙材料：200公斤　单价45元　共计9 000元

"应付账款"总账贷方余额38 000元，其所属明细账的贷方余额如下：北方公司22 000元；顺安公司16 000元。

"银行存款"总账和"银行存款日记账"余额均为150 000元。

东大公司2010年3月份发生下列经济业务(不考虑增值税)：

(1)3月3日从北方公司购入甲材料500公斤，单价60元，共计30 000元；乙材料300公斤，单价90元，共计27 000元，材料已验收入库，款项尚未支付。

(2)3月8日，车间生产A产品领用甲材料700公斤，单价60元，共计42 000元；乙材料300公斤，单价90元，共计27 000元。

(3)3月15日，从顺安公司购入甲材料300公斤，单价60元，共计18 000元；乙材料400公斤，单价90元，共计36 000元。材料已验收入库，货款尚未支付。

(4)3月26日，以银行存款偿付前欠北方公司货款50 000元和顺安公司货款46 000元。

东大公司的会计人员,已经完成了设账、登记期初余额、填制记账凭证、过账、结账以及总账与明细账的核对工作。

16. 东大公司"原材料"总账 3 月末余额为( )元。
   A. 111 000　　　B. 87 000　　　C. 69 000　　　D. 3 000

17. 东大公司"原材料——甲材料"明细账 3 月末余额为( )元。
   A. 56 000　　　B. 48 000　　　C. 42 000　　　D. 24 000

18. 东大公司"原材料——乙材料"明细账 3 月末余额为( )元。
   A. 8 100　　　B. 63 000　　　C. 54 000　　　D. 15000

19. 东大公司"应付账款"总账 3 月末余额为( )元。
   A. 270 000　　　B. 111 000　　　C. 53 000　　　D. 23 000

20. 东大公司"银行存款日记账"3 月末余额为( )元。
   A. 300 000　　　B. 246 000　　　C. 108 000　　　D. 54 000

21. 下列业务类型中,正确的是( )。
   A. 资产增加,所有者权益减少,负债不变
   B. 资产增加,所有者权益增加,负债不变
   C. 负债减少,所有者权益减少,资产不变
   D. 负债增加,所有者权益增加,资产不变

22. 有关会计科目与账户的关系,下列说法中不正确的是( )。
   A. 没有账户,就无法发挥会计科目的作用
   B. 两者口径一致,性质相同
   C. 账户是设置会计科目的依据
   D. 会计科目不存在结构,而账户则具有一定的格式和结构

23. 甲公司月末编制的试算平衡表中,全部账户的本月借方发生额合计为136 万元,除实收资本账户以外的本月贷方发生额合计为120 万元,则实收资本账户( )。
   A. 本月贷方发生额为 16 万元　　　　B. 本月借方发生额为 16 万元
   C. 本月借方余额为 16 万元　　　　　D. 本月贷方余额为 16 万元

24. 关于平行登记,下列说法不正确的是( )。
   A. 依据相同,是指总账和明细账依据的原始凭证相同,依据的记账凭证是不同的
   B. 方向相同,登记总分类账及其所属的明细分类账的方向(变动方向)应当相同
   C. 期间相同,是指总账和明细账在同一会计期间内登记入账
   D. 金额相等,是指计入总账的总金额应该等于计入其所属明细的合计金额

25. 会计账簿暂由本单位财务会计部门保管( ),期满之后,由财务会计部门编造清册移交本单位的档案部门保管。
   A. 1 年　　　B. 3 年　　　C. 5 年　　　D. 10 年

26. 下列各项中,不属于账实核对的是( )。
   A. 现金日记账账面余额与库存现金数额是否相符
   B. 固定资产账面余额与实有数额是否相符
   C. 银行存款日记账账面余额与银行对账单的余额是否相符
   D. 原材料明细账与原材料的记账凭证进行核对

27. 某企业盘亏原材料原因经查明属于自然损耗,经批准后,会计人员应编制的会计分录

为( )。

    A. 借：待处理财产损溢

         贷：原材料

    B. 借：待处理财产损溢

         贷：管理费用

    C. 借：管理费用

         贷：待处理财产损溢

    D. 借：营业外支出

         贷：待处理财产损溢

28. 以现金支付给采购人员的预借差旅费，应借记( )账户。

    A. 库存现金　　　B. 管理费用　　　　　C. 材料采购　　　　D. 其他应收款

29. 应收账款账户期初借方余额为 35 400 元，本期借方发生额为 26 300 元，本期贷方发生额为 17 900 元，该账户期末余额为( )。

    A. 借方 43 800 元　B. 借方 27 000 元　　C. 贷方 43 800 元　　D. 贷方 27 000 元

30. 下列关于会计分录的说法，正确的是( )。

    A. 会计分录必须一借一贷，不允许一借多贷或多借一贷，更不允许多借多贷

    B. 会计分录必须既有借方又有贷方，且借方金额合计应等于贷方金额合计

    C. 会计分录允许只借不贷，也可以只贷不借

    D. 会计分录必须既有借方又有贷方，但借方金额合计不一定等于贷方金额合计

31. 可以不附原始凭证的记账凭证是( )。

    A. 更正错误的记账凭证　　　　　　B. 从银行提取现金的记账凭证

    C. 以现金发放工资的记账凭证　　　D. 职工临时性借款的记账凭证

32. 对于"企业赊购一批原材料，已经验收入库"的经济业务，应当编制( )。

    A. 收款凭证　　　　　　　　　　　B. 付款凭证

    C. 转账凭证　　　　　　　　　　　D. 付款凭证或转账凭证

33. 在登记账簿过程中，每一账页的最后一行及下一页第一行都要办理转页手续，是为了 ( )。

    A. 便于查账　　　　　　　　　　　B. 防止遗漏

    C. 防止隔页　　　　　　　　　　　D. 保持记录的连续性

34. 在下列原始凭证中，按其来源不同，( )应归属于外来原始凭证。

    A. 购货专用发票　B. 收料单　　　　　C. 领料单　　　　　D. 限额领料单

35. 下列账簿中，一般采用活页账形式的是( )。

    A. 日记账　　　　B. 总分类账　　　　C. 明细分类账　　　D. 备查账

36. 下列不属于现金支付业务的原始凭证的是( )。

    A. 车、船票　　　B. 付款凭证　　　　C. 工资单　　　　　D. 借款收据

37. 对库存现金应采用( )清查方法。

    A. 技术推算法　　　　　　　　　　B. 实地盘点法

    C. 发函询证法　　　　　　　　　　D. 以上方法均正确

38. 资产负债表中的所有者权益反映的是在某一特定日期投资者拥有的( )总额。

    A. 总资产　　　　B. 净资产　　　　　C. 总负债　　　　　D. 未分配利润

39. 财政部门销毁会计档案时，应由（　　）派员参加监销。
  A. 同级财政部门　　　　　　　　　　B. 同级财政部门和审计部门
  C. 同级审计部门　　　　　　　　　　D. 上级财政部门和审计部门

40. 关于会计档案的销毁，下列说法正确的是（　　）。
  A. 单位所有的会计档案均不得销毁
  B. 会计档案在保管期满后，可以直接销毁
  C. 对于保管期满但尚未结清的债权债务的原始凭证不得销毁
  D. 各单位销毁会计档案由档案部门派人监销即可

二、**多项选择题**(本类题共20小题，每小题2分，共40分。在每小题给出的四个备选答案中，有两个或两个以上符合题意的正确答案，请将所选答案的字母填在题后的括号内。多选、少选、错选、不选均不得分。)

1. 账实核对的内容主要有（　　）。
  A. 现金日记账账面余额与库存现金数额是否相符
  B. 银行存款日记账账面余额与银行存款对账单的余额是否相符
  C. 各项财产物资明细账账面余额与财产物资的实有数额是否相符
  D. 有关债权债务明细账账面余额与对方单位的账面记录是否相符

2. 发出存货按照先进先出法计价，其特点有（　　）。
  A. 发出存货的成本比较接近其重置成本
  B. 物价上涨时避免虚增利润
  C. 发出存货的成本与其重置成本差异较大
  D. 期末结存存货成本比较接近市价

3. 中期财务报表至少应包括（　　）。
  A. 资产负债表　　B. 利润表　　　　C. 现金流量表　　　D. 所有者权益变动表

4. 下列各项中应计入产品成本的有（　　）。
  A. 生产工人工资及福利费　　　　　　B. 车间管理人员工资及福利费
  C. 企业管理人员工资及福利费　　　　D. 离退休人员的退休金

5. 会计账簿按经济用途的不同，可以分为（　　）。
  A. 序时账簿　　B. 分类账簿　　　　C. 多栏式账簿　　　D. 备查账簿

6. 余额试算平衡法下的平衡关系有（　　）。
  A. 全部账户的本期借方发生额合计 = 全部账户的本期贷方发生额合计
  B. 全部账户的期初借方余额合计 = 全部账户的期末贷方余额合计
  C. 全部账户的期初借方余额合计 = 全部账户的期初贷方余额合计
  D. 全部账户的期末借方余额合计 = 全部账户的期末贷方余额合计

7. 下列各项中，不应计入交易性金融资产入账价值的有（　　）。
  A. 购买股票支付的买价　　　　　　　B. 支付的税金、手续费等
  C. 支付的已到付息期但尚未领取的利息　　D. 支付的已宣告但尚未发放的现金股利

8. 某小规模纳税企业购入原材料11 700元，其中以银行存款支付1 700元，开出一张面值10 000元的商业汇票。所作分录涉及的科目及金额有（　　）。
  A. 原材料11 700元　　　　　　　　　B. 应付票据10 000元
  C. 银行存款1 700元　　　　　　　　　D. 应付账款10 000元

9. 在借贷记账法下，当借记"银行存款"时，下列会计科目中可能成为其对应科目的有（　　）。

    A. 实收资本   B. 库存现金   C. 材料采购   D. 本年利润

10. 企业应在计提固定资产折旧时，根据固定资产的使用部门将计提的折旧额计入（　　）等账户。

    A. 管理费用   B. 销售费用   C. 财务费用   D. 营业外支出

11. 会计假设（会计核算的基本前提）是一项不需要证明而可以接受的会计核算的前提条件，其主要假设有（　　）。

    A. 持续经营   B. 会计主体   C. 会计分期   D. 货币计量

12. 下列各项属于企业负债的有（　　）。

    A. 应付账款   B. 应收账款   C. 预收账款   D. 预付账款

13. 下列能引起资产和所有者权益总额增加的业务有（　　）。

    A. 收到投资者投资存入银行   B. 提取盈余公积

    C. 收到外商投入设备一台   D. 将资本公积转增资本

14. 下列错误不会影响试算平衡的有（　　）。

    A. 漏记某项经济业务   B. 重记某项经济业务

    C. 记错方向，把借方计入贷方   D. 借贷方科目颠倒

15. 为了保证账簿记录的正确性，会计账簿的登记必须遵循相应的规则。下列各项中，符合会计账簿登记规则要求的有（　　）。

    A. 准确完整，登记会计账簿时做到数字准确、摘要清楚、登记及时、字迹工整

    B. 账簿中书写的文字和数字上面要留有适当空格，一般应占格距的2/3

    C. 顺序连续登记。记账时，必须按账户页次逐页逐行登记，不得隔页、跳行

    D. 只有冲销错账的时候可以用红色墨水记账

16. 企业对固定资产清理进行核算时，可能涉及到的会计科目有（　　）。

    A. 累计折旧   B. 固定资产   C. 营业外收入   D. 营业外支出

17. 下列登记银行存款日记账的方法中正确的有（　　）。

    A. 逐日逐笔登记并逐日结出余额

    B. 根据企业在银行开立的账户和币种分别设置日记账

    C. 使用订本账

    D. 业务量少的单位用银行对账单代替日记账

18. 常用的账务处理程序包括（　　）。

    A. 账簿核对账务处理程序   B. 汇总记账凭证账务处理程序

    C. 记账凭证账务处理程序   D. 科目汇总表账务处理程序

19. 财产清查的种类有许多分类方法，主要包括（　　）。

    A. 按财产清查的方法，分为实地盘存法和技术推算法

    B. 按财产清查的时间，分为定期清查和不定期清查

    C. 按财产清查的内容，分为重点项目清查和一般项目清查

    D. 按财产清查的范围，分为全面清查和局部清查

20. 下列关于会计档案管理的说法中正确的有（　　）。

    A. 出纳人员不得兼管会计档案

B. 会计档案的保管期限，从会计档案形成后的第一天算起

C. 单位负责人应在会计档案销毁清册上签署意见

D. 采用电子计算机进行会计核算的单位，应保存打印出的纸质会计档案

三、判断题(本类题共20小题，每小题1分，共20分。认为正确的，在题后的括号内写"√"；认为错误的，在题后的括号内写"×"。判断正确的得1分，判断错误的扣0.5分，不答不得分也不扣分。本类题最低为零分。)

1. 记账后，如果发现记账凭证和账簿中所记金额小于应记金额，而应借应贷的会计科目并无错误，可用补充登记法予以更正。 （　　）

2. 在计划成本法下，企业已支付货款，但尚在运输中或尚未验收入库的材料，应通过"在途物资"科目来核算。 （　　）

3. 企业向职工食堂、职工医院、生活困难职工等支付职工福利费，借记"管理费用"科目，贷记"应付职工薪酬"科目。 （　　）

4. 产品成本由直接材料、直接人工、制造费用和期间费用四个成本项目构成。 （　　）

5. 利润表中"营业成本"项目，反映企业销售产品和提供劳务等主要经营业务的实际成本。 （　　）

6. 原材料、库存商品等明细账一般应采用数量金额式账簿，债权债务明细账一般使用多栏式账簿。 （　　）

7. "固定资产"账户的期末借方余额，反映期末实有固定资产的净值。 （　　）

8. 非流动性负债包括长期借款、应付股利和其他非流动性负债等。 （　　）

9. 用盈余公积转增资本(股本)后，留存的盈余公积数额不得低于原有注册资本的25%。 （　　）

10. 盘盈的固定资产，按其市价或同类、类似固定资产的市场价格，减去按该项资产的新旧程度估计的价值损耗后的余额作为其成本。 （　　）

11. 会计分期的意义在于界定了会计信息的时间段落，为分期结算账目和编制财务会计报告等奠定了理论与实务的基础。 （　　）

12. 劳务的开始和完成分别属于不同的会计期间，且在资产负债表日能够对该项交易的结果作出可靠估计的，应按完工百分比法确认收入。 （　　）

13. 借贷记账法的记账规则为：有借必有贷，借贷必相等。即对于每一笔经济业务都只要在两个账户中以借方和贷方相等的金额进行登记。 （　　）

14. 原始凭证金额有错误的，应当由出具单位重开，不得在原始凭证上更正。 （　　）

15. 各种日记账、总账以及资本、债权债务明细账都可采用三栏式账簿。 （　　）

16. 为便于管理，"应收账款"、"应付账款"的明细账必须采用多栏式明细分类账格式。 （　　）

17. 有关债权债务明细账账面余额与对方单位账面记录是否相符属于账账核对。 （　　）

18. 记账凭证账务处理程序的主要特点就是直接根据各种记账凭证登记总账。 （　　）

19. 在我国会计实务中，银行存款余额调节表和财产清查过程中填制的"实存账存对比表"都不可以作为调整账簿记录的原始凭证。 （　　）

20. 企业和其他组织的银行存款余额调节表、银行对账单和固定资产报废清理后的固定资产卡片等会计档案保管期限应当为3年。 （　　）

模拟试题(三)参考答案及详细解析

一、单项选择题

1. A

【解析】本题考查期间费用包含的内容。期间费用包括管理费用、销售费用和财务费用。

2. B

【解析】本题考查权责发生制的应用。

3. A

【解析】本题考查会计要素中收入的定义。收入,是指企业在日常活动中形成的、会导致所有者权益增加的、与所有者投入资本无关的经济利益的总流入。包括销售商品收入、提供劳务收入和让渡资产使用权收入。企业销售的其他存货,如原材料、包装物等也视同商品。但收入不包括偶发的交易或事项产生的经济利益流入,如出售无形资产净收益、出售固定资产净收益;收入也不包括为第三方或客户代收的款项,如向购货方收取的增值税销项税额。故答案为 A。

4. D

【解析】本题考查银行结算方式的核算。

5. B

【解析】本题考查营业利润的计算。营业利润 = 5 + 2 - 3 - 1 - 0.3 - 0.2 = 2.5(万元),营业外支出不影响营业利润。

6. B

【解析】本题考查会计要素的属性。反映企业财务状况的会计要素包括资产、负债和所有者权益;反映企业经营成果的会计要素包括收入、费用和利润。

7. A

【解析】本题考查红字更正法。本题应该采用红字更正法进行更正,用红字金额冲销多记的 50 元。

8. A

【解析】本题考查费用类账户的特点。费用类账户借方登记增加额,贷方登记减少额,期末一般没有余额。

9. D

【解析】本题考查利润分配账户的性质。利润分配的期末借方余额表示尚未弥补的亏损,贷方余额表示尚未分配的利润。

10. B

【解析】本题考查会计核算的基础。

11. D

【解析】本题考查存货的内容。工程物资核算企业为在建工程准备的各种物资的成本,其不属于存货。

12. C

【解析】本题考查记账凭证的填制。一笔经济业务也可以编制两张或两张以上记账凭证。记账凭证可以根据一张原始凭证填制，也可以根据若干张同类原始凭证汇总编制。除结账和更正错误的记账凭证可以不附原始凭证外，其他记账凭证必须附有原始凭证。

13. C

【解析】本题考查财产清查的意义。

14. A

【解析】本题考查会计信息质量要求。

15. B

【解析】本题考查原始凭证金额的填写。

16. B

【解析】本题考查主要经济业务的核算。"原材料"总账 3 月末余额 = 45 000 + 30 000 + 27 000 - 42 000 - 27 000 + 18 000 + 36 000 = 87 000(元)。

17. D

【解析】本题考查主要经济业务的核算。"原材料——甲材料"明细账 3 月末余额 = 18 000 + 30 000 - 42 000 + 18 000 = 24 000(元)。

18. C

【解析】本题考查主要经济业务的核算。东大公司"原材料——乙材料"明细账 3 月末余额 = 18 000 + 27 000 - 27 000 + 36 000 = 54 000(元)。

19. C

【解析】本题考查主要经济业务的核算。东大公司"应付账款"总账 3 月末余额 = 38 000 + 30 000 + 27 000 + 18 000 + 36 000 - 50 000 - 46 000 = 53 000(元)。

20. D

【解析】本题考查主要经济业务的核算。东大公司"银行存款日记账" 3 月末余额 = 150 000 - 50 000 - 46 000 = 54 000(元)。

21. B

【解析】本题考查会计等式的应用。本题可以根据会计等式"资产 = 负债 + 所有者权益"来判断，选项 ACD 都是错误的。

22. C

【解析】本题考查会计科目与账户的关系。会计科目是设置账户的依据，选项 C 的说法正好相反。

23. A

【解析】本题考查试算平衡表的应用。根据等式"全部账户本期借方发生额合计 = 全部账户本期贷方发生额合计"，实收资本账户的发生额 = 所有账户本月借方发生额 - 除实收资本账户以外其他账户的本月贷方发生额 = 136 - 120 = 16(万元)。

24. A

【解析】本题考查平行登记的内容。平行登记依据的记账凭证应该是相同的，所以选项 A 是不正确的。

25. A

【解析】本题考查会计账簿的保管期限。会计账簿暂由本单位财务会计部门保管一年，期满之后，由财务会计部门编造清册移交本单位的档案部门保管。

26. D

【解析】本题考查账实核对的内容。选项 D 属于账证核对。

27. C

【解析】本题考查盘亏原材料的账务处理。盘亏原材料时：

借：待处理财产损溢

　　　贷：原材料

盘亏原材料报经批准后，属于自然损耗的：

借：管理费用

　　　贷：待处理财产损溢

因此应选择 C。

28. D

【解析】本题考查差旅费的会计处理。以现金支付给采购人员的预借差旅费，应该借记"其他应收款"科目，贷记"库存现金"科目。

29. A

【解析】本题考查应收账款账户的基本核算。"应收账款"属于资产类账户，资产类账户的期末余额一般在借方，其余额计算公式为：期末借方余额 = 期初借方余额 + 本期借方发生额 – 本期贷方发生额，本题中，期末借方余额 = 35 400 + 26 300 – 17 900 = 43 800（元）。

30. B

【解析】本题考查会计分录的相关内容。会计分录可以一借一贷，也可以一借多贷或多借一贷，也可以多借多贷。会计分录应该符合"有借必有贷，借贷必相等"的记账规则。

31. A

【解析】本题考查记账凭证的填制要求。根据规定，除结账和更正错误的记账凭证可以不附原始凭证外，其他记账凭证必须附有原始凭证。选项 B"从银行提取现金的记账凭证"后面应该附上相关的原始凭证；选项 C"以现金发放工资的记账凭证"后面应该附上工资表；选项 D"职工临时性借款的记账凭证"后面应该附上职工的借款收据。

32. C

【解析】本题考查各种记账凭证的适用范围。转账凭证是用于记录不涉及现金和银行存款业务的会计凭证，本题中的业务由于是赊购，不涉及库存现金和银行存款，所以应当编制转账凭证。

33. D

【解析】本题考查会计账簿的登记。在登记账簿过程中，每一账页的最后一行及下一页第一行都要办理转页手续，是为了保持记录的连续性。

34. A

【解析】本题考查原始凭证的种类。选项 BCD 属于自制原始凭证。

35. C

【解析】本题考查采用活页账形式的账簿。各种明细分类账一般采用活页账形式。

36. B

【解析】本题考查原始凭证的内容。付款凭证属于记账凭证的一种，不属于原始凭证。

37. B

【解析】本题考查库存现金的清查方法。

38. B

【解析】本题考查资产负债表中所有者权益反映的内容。资产负债表中的所有者权益反映的是在某一特定日期投资者拥有的净资产的总额。

39. C

【解析】本题考查会计档案的销毁。财政部门销毁会计档案时，应由同级审计部门派员参加监销。

40. C

【解析】本题考查会计档案的销毁。会计档案保管期满需要销毁的，由本单位档案部门提出销毁意见，会同财务会计部门共同鉴定和审查，编造会计档案销毁清册。各单位按规定销毁会计档案时，应由档案部门和会计部门共同派员兼销。

二、多项选择题

1. ABCD

【解析】本题考查账实核对的内容。账实核对是核对会计账簿记录与财产实有数额是否相符。主要包括：现金日记账账面余额与现金实际库存数相核对；银行存款日记账账面余额与银行对账单相核对；各种财产物资明细账账面余额与财产物资实存数额相核对；各种应收、应付明细账账面余额与有关债权、债务单位或个人相核对等。

2. CD

【解析】本题考查先进先出法的特点。采用先进先出法，期末存货成本比较接近市价；物价上涨时，发出存货成本偏低，利润偏高。

3. ABC

【解析】本题考查中期财务报表的组成。

4. AB

【解析】本题考查主要经济业务的核算。选项 CD 都计入管理费用。

5. ABD

【解析】本题考查会计账簿的分类。会计账簿按经济用途的不同，可以分为序时账簿、分类账簿、备查账簿。

6. CD

【解析】本题考查余额试算平衡法的内容。全部账户的本期借方发生额合计 = 全部账户的本期贷方发生额合计，是发生额试算平衡法下的公式。

7. BCD

【解析】本题考查交易性金融资产的入账价值。根据准则规定，购买股票、债券作为交易性金融资产核算的，支付的交易费用计入当期的"投资收益"科目，支付的已到付息期但尚未领取的利息计入"应收利息"科目，支付的已宣告但尚未发放的现金股利计入"应收股利"科目。

8. ABC

【解析】本题考查主要经济业务的核算。分录是：

借：原材料 11 700
　　贷：应付票据 10 000
　　　　银行存款 1 700

9. AB

【解析】本题考查借贷记账法的应用。

10. AB

【解析】本题考查计提固定资产折旧的核算。企业计提固定资产折旧时应根据固定资产的使用部门将其计入管理费用、销售费用等账户。

11. ABCD

【解析】本题考查会计假设的内容。

12. AC

【解析】本题考查负债包含的内容。应收账款和预付账款是企业的资产。

13. AC

【解析】本题考查经济业务对会计要素的影响。

选项 A 的分录：

借：银行存款

  贷：实收资本等

资产和所有者权益总额增加。

选项 B 的分录：

借：利润分配——提取盈余公积

  贷：盈余公积

所有者权益内部的一增一减，所有者权益和资产总额不变。

选项 C 的分录：

借：固定资产

  贷：实收资本等

资产和所有者权益总额增加。

选项 D 的分录：

借：资本公积

  贷：实收资本

所有者权益内部的一增一减，所有者权益和资产总额不变。

14. ABD

【解析】本题考查经济事项对借贷平衡的影响。注意"记错方向，把借方计入贷方"的结果导致贷方两次计入数据，而借方没有计入数据，贷方余额大于借方余额，影响借贷双方的平衡关系。

15. AC

【解析】本题考查会计账簿的登记规则。选项 B 一般占格距的 1/2；选项 D，比如在没有标明借贷方向的账簿中，也可以用红色黑水记账表示减少数。

16. ABCD

【解析】本题考查固定资产清理的核算。当固定资产转出时应做的处理是：

借：固定资产清理

  累计折旧

  贷：固定资产

处置净收益计入营业外收入，处置净损失计入营业外支出，所以这四个选项都应选。

17. ABC

【解析】本题考查银行存款日记账的登记。单位不可以用银行对账单代替银行存款日记账。

18. BCD

【解析】本题考查账务处理程序的种类。目前我国企业常用的账务处理程序主要有记账凭证账务处理程序、科目汇总表账务处理程序和汇总记账凭证账务处理程序。

19. BD

【解析】本题考查财产清查的分类。

20. ACD

【解析】本题考查会计档案管理的内容。会计档案的保管期限，从会计年度终了后的第一天算起。

三、判断题

1. √

【解析】本题考查补充登记法的适用范围。

2. ×

【解析】本题考查会计科目的运用。在计划成本法下企业已支付货款，但尚在运输中或尚未验收入库的材料，应通过"材料采购"科目核算，在实际成本法下通过"在途物资"科目核算。

3. ×

【解析】本题考查应付职工薪酬的核算。企业向职工食堂、职工医院、生活困难职工等支付职工福利费，应该借记"应付职工薪酬——职工福利"科目，贷记"银行存款"科目。

4. ×

【解析】本题考查产品成本的构成。产品成本由直接材料、直接人工、制造费用三个成本项目构成，不包括期间费用。

5. ×

【解析】本题考查营业成本的反映内容。"营业成本"还包括企业其他经营业务中产生的"其他业务成本"。

6. ×

【解析】本题考查各种明细账的使用范围。企业的债权、债务一般采用的是三栏式账簿。

7. ×

【解析】本题考查"固定资产"账户的核算内容。"固定资产"账户核算企业全部固定资产的原价，期末余额在借方，反映期末实有固定资产的原价。

8. ×

【解析】本题考查负债的分类。应付股利属于流动负债。

9. √

【解析】本题考查盈余公积转增资本（股本）的有关规定。

10. √

【解析】本题考查财产清查的处理。

11. √

【解析】本题考查会计分期的意义。

12. √

【解析】 本题考查完工百分比法的相关内容。

13. ×

【解析】 本题考查借贷记账法的记账规则。借贷记账法要求对于每一项经济业务都要在两个或两个以上相互联系的账户中以借方和贷方相等的金额进行登记。

14. √

【解析】 本题考查错误原始凭证的处理。

15. √

【解析】 本题考查三栏式账簿的适用范围。

16. ×

【解析】 本题考查明细账采用的账簿格式。多栏式账簿一般适用于成本、费用类的明细账，"应收账款"、"应付账款"应该采用三栏式明细分类账格式。

17. ×

【解析】 本题考查对账的相关内容。本题属于账实核对。

18. √

【解析】 本题考查记账凭证账务处理程序的特点。在不同的账务处理程序下，登记总账的依据不同。记账凭证账务处理程序登记总账的依据是记账凭证；汇总记账凭证账务处理程序登记总账的依据是汇总记账凭证；科目汇总表账务处理程序登记总账的依据是科目汇总表。

19. ×

【解析】 本题考查原始凭证的定义。"实存账存对比表"可以作为调整账簿记录的原始凭证。

20. ×

【解析】 本题考查会计档案的保管期限。企业和其他组织的银行存款余额调节表、银行对账单和固定资产报废清理后的固定资产卡片等会计档案保管期限应当为 5 年。

全国会计从业资格考试

《会计基础》

模拟试题(四)

一、单项选择题(本类题共40小题,每小题1分,共40分。在每小题给出的四个备选答案中,只有一个符合题意的正确答案,请将所选答案的字母填在题后的括号内。多选、错选、不选均不得分。)

1. 下列各项中应在账户借方登记的是( )。
   A. 费用的增加额
   B. 成本的减少额
   C. 收入的增加额
   D. 资产的减少额

2. 下列等式中不正确的是( )。
   A. 资产 = 负债 + 所有者权益
   B. 资产 = 所有者权益
   C. 资产 = 权益
   D. 收入 – 费用 = 利润

3. 某企业盘点中发现盘亏一台设备,原始价值50 000元,已计提折旧10 000元。根据事先签订的保险合同,保险公司应赔偿30 000元,则扣除保险公司赔偿后剩余的净损失10 000元应计入( )。
   A. 累计折旧
   B. 营业外支出
   C. 管理费用
   D. 资本公积

4. 按照现行的企业会计准则,财务报表不包括( )。
   A. 资产负债表
   B. 利润分配表
   C. 所有者权益变动表
   D. 现金流量表

5. 某企业为增值税一般纳税人,适用的增值税税率为17%,该企业2010年1月15日购入一台不需要安装的生产用设备,设备的买价为10 000元,增值税为1 700元(增值税可以抵扣),采购过程中发生运费、保险费300元,采购人员差旅费200元。该设备预计使用年限为10年,预计净残值为零,采用年限平均法计提折旧。2010年应对该设备计提的折旧额为( )元。
   A. 1 100
   B. 1 030
   C. 944.17
   D. 1 220

6. 某企业为增值税小规模纳税人,外购一批原材料,不含税价款为3 000元,增值税为510元,同时发生运杂费50元,合理损耗20元,入库前的挑选整理费30元,则原材料的入账价值为( )元。
   A. 3 590
   B. 3 100
   C. 3 610
   D. 3 000

7. 企业购入A公司股票作为交易性金融资产核算,共支付价款11 900元,其中含已宣告但尚未发放的现金股利1 500元及相关税费100元,则该交易性金融资产的初始计量金额为( )元。
   A. 10 300
   B. 10 400
   C. 11 900
   D. 12 000

8. 我国企业会计准则规定,公司的交易性金融资产期末计量时应采用的计量属性是( )。

A. 历史成本 B. 公允价值

C. 成本与市价孰低法 D. 可变现净值法

9. 企业向职工支付职工福利费，应借记的会计科目是（　　）。

    A. 应付职工薪酬 B. 银行存款 C. 管理费用 D. 应付账款

10. 下列属于通用凭证的是（　　）。

    A. 领料单 B. 工资计算表 C. 增值税专用发票 D. 借款单

11. 某企业本月主营业务收入为1 000 000元，其他业务收入为80 000元，营业外收入为90 000元，主营业务成本为760 000元，其他业务成本为50 000元，营业税金及附加为30 000元，营业外支出为75 000元，管理费用为40 000元，销售费用为30 000元，财务费用为15 000元，所得税费用为75 000元。则该企业本月营业利润为（　　）。

    A. 170 000元 B. 155 000元 C. 25 000元 D. 80 000元

12. 根据第11题资料计算，该企业本月利润总额为（　　）。

    A. 170 000元 B. 155 000元 C. 25 000元 D. 80 000元

13. 根据第11题资料计算，该企业本月净利润为（　　），假设无纳税调整事项。

    A. 175 000元 B. 200 000元 C. 95 000元 D. 225 000元

14. 某企业发行10 000股新股，每股面值为1元，发行价为每股5元，则计入资本公积的金额为（　　）元。

    A. 10 000 B. 50 000 C. 40 000 D. 20 000

15. 一般来说，单位撤销合并或改变隶属关系时，要进行（　　）。

    A. 全面清查 B. 局部清查 C. 定期清查 D. 技术推算盘点

16. 应收账款账户期初借方余额为260 000元，本期借方发生额为150 000元，本期贷方发生额为120 000元，该账户期末余额为（　　）。

    A. 借方230 000元 B. 借方290 000元

    C. 贷方230 000元 D. 贷方290 000元

17. 某企业资产总额为200万元，负债总额为40万元，在将20万元负债转为投入资本后，所有者权益总额为（　　）万元。

    A. 140 B. 180 C. 160 D. 200

18. 汇总记账凭证账务处理程序与科目汇总表账务处理程序的相同点是（　　）。

    A. 登记总账的依据相同 B. 记账凭证的汇总方法相同

    C. 保持了账户间的对应关系 D. 简化了登记总分类账的工作量

19. 总分类账户与明细分类账户的主要区别在于（　　）。

    A. 记录经济业务的详细程度不同 B. 记账的依据不同

    C. 记账的方向不同 D. 记账的期间不同

20. 企业的存货按计划成本法核算，期初甲材料库存数量为50吨，其单位计划成本为200元/吨，材料成本差异账户的借方余额为100元，本月以210元/吨购入甲材料50吨，则本期甲材料成本差异率为（　　）。

    A. −3% B. 3% C. 2% D. 5%

21. 短期借款的期限通常在（　　）。

    A. 一年以上 B. 一年以下（含一年）

    C. 一个经营周期以内 D. 一年或一个经营周期以内

22. 固定资产达到预定可使用状态后发生的长期借款利息支出，应计人（　　）账户核算。
    A. 制造费用　　　　B. 财务费用　　　　C. 在建工程　　　　D. 固定资产

23. 下列各项中不应确认为收入的是（　　）。
    A. 销售商品收入　　　　　　　　　　B. 销售原材料收入
    C. 出租固定资产的租金收入　　　　　D. 出售无形资产取得的收入

24. 账户的左方和右方，哪一方登记增加，哪一方登记减少，取决于（　　）。
    A. 所记经济业务的重要程度　　　　　B. 开设账户时间的长短
    C. 所记金额的大小　　　　　　　　　D. 所记录的经济业务和账户的性质

25. 下列各项中，不属于自制原始凭证的是（　　）。
    A. 差旅费报销单　　　　　　　　　　B. 产品入库单
    C. 购买材料时取得的增值税专用发票　D. 销售商品时开具的增值税专用发票

26. 某企业购入材料一批，已经验收入库，货款 3 万元已用银行存款支付，根据这项业务所填制的会计凭证是（　　）。
    A. 现金收款凭证　　　　　　　　　　B. 现金付款凭证
    C. 银行存款收款凭证　　　　　　　　D. 银行存款付款凭证

27. 会计机构和会计人员对真实、合法、合理但内容不准确、不完整的原始凭证，应当（　　）。
    A. 不予受理　　　　　　　　　　　　B. 予以受理
    C. 予以纠正　　　　　　　　　　　　D. 予以退回，要求更正、补充

28. 在借贷记账法下，账户的贷方用来登记（　　）。
    A. 收入类科目的减少　　　　　　　　B. 所有者权益类科目的增加
    C. 负债类科目的减少　　　　　　　　D. 成本类科目的增加

29. 关于账簿的使用，下列说法错误的是（　　）。
    A. 订本账预留太多则导致浪费，预留太少则影响连续登记
    B. 活页账登账方便，可以根据业务多少添加，因此收付款业务多的单位的现金日记账和银行存款日记账可以采用此种格式
    C. 固定资产明细账一般采用卡片账
    D. 总分类账一般使用订本账

30. 总分类账一般采用的账页格式为（　　）。
    A. 两栏式　　　　B. 三栏式　　　　C. 多栏式　　　　D. 数量金额式

31. 关于盈余公积，下列说法不正确的是（　　）。
    A. 可以用于发放现金股利或利润　　　B. 可以用于弥补亏损
    C. 可以用于转增资本　　　　　　　　D. 可以用于偿还负债

32. 企业从应付职工工资中代扣代交的个人所得税，应借记的会计科目是（　　）。
    A. 应付职工薪酬　　B. 管理费用　　C. 其他应收款　　D. 其他应付款

33. 下列不属于现金结算范围的是（　　）。
    A. 职工工资、各种工资性津贴
    B. 根据国家规定颁发给个人的科学技术、文化艺术、体育等各种奖金
    C. 出差人员必须随身携带的差旅费
    D. 购入生产用大型设备

34. 企业在遭受自然灾害后，对其受损的财产物资进行的清查，属于（　　）。

A. 局部清查和定期清查　　　　　　　　B. 全面清查和定期清查

C. 全面清查和不定期清查　　　　　　　D. 局部清查和不定期清查

35. 下列会计科目，不属于成本类科目的是( )。

A. 制造费用　　　B. 其他业务成本　　　C. 劳务成本　　　D. 生产成本

36. 编制财务报表时，以"收入－费用＝利润"这一会计等式作为编制依据的财务报表是( )。

A. 利润表　　　　　　　　　　　　　　B. 所有者权益变动表

C. 资产负债表　　　　　　　　　　　　D. 现金流量表

37. 下列各项中，应使用数量金额式账簿的是( )。

A. 主营业务收入明细账　　　　　　　　B. 管理费用明细账

C. 生产成本明细账　　　　　　　　　　D. 原材料明细账

38. 下列属于记账凭证账务处理程序主要缺点的是( )。

A. 不能体现账户的对应关系　　　　　　B. 不便于会计合理分工

C. 方法不易掌握　　　　　　　　　　　D. 登记总账的工作量较大

39. 短期借款账户应该按照( )设置明细账。

A. 借款种类　　　B. 债权人　　　　　C. 借款的性质　　　D. 借款的时间

40. 会计档案的保管期限是从( )算起。

A. 会计年度终了后第一天　　　　　　　B. 审计报告之日

C. 移交档案管理机构之日　　　　　　　D. 会计资料的整理装订日

二、多项选择题(本类题共20小题，每小题2分，共40分。在每小题给出的四个备选答案中，有两个或两个以上符合题意的正确答案，请将所选答案的字母填在题后的括号内。多选、少选、错选、不选均不得分。)

1. 以下属于流动负债的有( )。

A. 应付票据　　　B. 应付职工薪酬　　　C. 预收款项　　　D. 应付债券

2. 存货的采购成本包括( )。

A. 买价　　　　　　　　　　　　　　　B. 运杂费

C. 运输途中的合理损耗　　　　　　　　D. 入库前的挑选整理费

3. 某项经济业务发生后，一个负债账户记借方，则有可能( )。

A. 另一个资产账户记贷方　　　　　　　B. 另一个负债账户记贷方

C. 另一个所有者权益类账户记贷方　　　D. 另一个资产账户记借方

4. 下列式子中正确的有( )。

A. 期间费用＝销售费用＋管理费用＋财务费用

B. 营业利润＝营业收入－营业成本－营业税金及附加－期间费用＋投资收益(－投资损失)＋公允价值变动收益(－公允价值变动损失)－资产减值损失

C. 利润总额＝营业利润＋营业外收入－营业外支出

D. 净利润＝利润总额－所得税费用

5. 下列说法中正确的有( )。

A. 购入的交易性金融资产实际支付的价款中包含的已宣告但尚未领取的现金股利或已到付息期但尚未领取的债券利息应单独核算，不构成交易性金融资产的成本

B. 为购入交易性金融资产所支付的相关费用，不计入该资产的成本

C. 为购入交易性金融资产所支付的相关费用，应计入该资产的成本

D. 交易性金融资产在持有期间取得现金股利，应确认为投资收益

6. 固定资产的核算要设置( )账户。

   A. 固定资产   B. 累计折旧   C. 工程物资   D. 在建工程

7. 按照《会计档案管理办法》的规定，下列说法中正确的有( )。

   A. 会计档案的保管期限分为 3 年、5 年、10 年、15 年、25 年 5 类

   B. 会计档案的保管期限分为永久和定期两类

   C. 企业银行存款余额调节表、银行对账单保管期限为 5 年

   D. 各单位保存的会计档案不得借出

8. 造成账实不符的原因主要有( )。

   A. 财产物资的自然损耗   B. 财产物资收发计量错误

   C. 财产物资的毁损、被盗   D. 会计账簿漏记、重记、错记

9. 银行存款减少对应的借方账户可能有( )。

   A. 库存现金   B. 应付账款   C. 原材料   D. 长期借款

10. 账簿记录发生错误，不准涂改、挖补、刮擦或者用药水消除字迹，不准重新抄写，而是按照错误的类型选择( )进行更正。

   A. 账实核对   B. 补充登记法   C. 红字更正法   D. 划线更正法

11. 会计期间可以分为( )。

   A. 月度   B. 季度   C. 半年度   D. 年度

12. 下列项目中，属于财务成果的计算和处理内容的有( )。

   A. 利润分配   B. 利润的计算   C. 亏损弥补   D. 所得税费用的计算

13. 下列经济业务中(不考虑相关税费)，会使资产和权益总额同时增加的有( )。

   A. 用银行存款购入一项专利技术   B. 偿还上期从银行借入的短期借款

   C. 收到投资者投入的资金并存入银行   D. 购入一批原材料，款项未付

14. 下列项目中，符合原始凭证填制要求的有( )。

   A. 汉字大小写金额必须相符且填写规范

   B. 阿拉伯数字连笔书写

   C. 阿拉伯数字前面的人民币符号写为"￥"

   D. 大写金额有分的，分字后面不写"整"或"正"字

15. 账簿中可以使用红色墨水记账的有( )。

   A. 冲销账簿记录中的多记金额

   B. 摘要中"转次页"字样

   C. 在三栏式账户的余额栏前，如未印明余额方向，在余额栏内登记负数余额

   D. 结账划线

16. 企业计提固定资产折旧时，可能涉及的账户有( )。

   A. 制造费用   B. 管理费用   C. 销售费用   D. 其他业务成本

17. 下列说法中正确的有( )。

   A. 短期借款明细账应采用三栏式账页格式

   B. 应收账款明细账应采用订本式账簿

   C. 多栏式明细账一般适用于收入、费用明细账

D. 对账的内容包括账证核对、账账核对、账实核对

18. 使企业银行存款日记账的余额小于银行对账单余额的未达账项有( )。
    A. 企业已收款记账而银行尚未收款记账   B. 企业已付款记账而银行尚未付款记账
    C. 银行已收款记账而企业尚未收款记账   D. 银行已付款记账而企业尚未付款记账

19. 企业的下列会计档案中,保管期限为15年的有( )。
    A. 应收账款明细账   B. 库存商品总账
    C. 银行存款日记账   D. 长期股权投资总账

20. 下列各项中属于会计档案的有( )。
    A. 会计档案保管清册   B. 固定资产卡片
    C. 银行对账单   D. 会计报表

三、判断题(本类题共20小题,每小题1分,共20分。认为正确的,在题后的括号内写"√";认为错误的,在题后的括号内写"×"。判断正确的得1分,判断错误的扣0.5分,不答不得分也不扣分。本类题最低为0分。)

1. 原始凭证发生的错误,正确的更正方法是由出具单位在原始凭证上更正。 ( )

2. 企业进行的不定期财产清查可能是全面清查,也可能是局部清查。 ( )

3. 购入交易性金融资产时支付的交易费用应该计入交易性金融资产的成本中。 ( )

4. 现金折扣使销售企业收回应收账款的实际金额随客户的付款时间而异。 ( )

5. 运用复式记账法记录经济业务,可以反映每项经济业务的来龙去脉,可以检查每笔业务是否合理、合法。 ( )

6. 现金存入银行时,为避免重复记账只编制银行存款收款凭证,不编制库存现金付款凭证。
    ( )

7. 自制原始凭证的填制,都应由会计人员填制,以保证原始凭证填制的正确性。 ( )

8. 资产负债表中"固定资产"项目应根据"固定资产"账户余额减去"累计折旧"、"固定资产减值准备"账户的期末余额后的金额填列。 ( )

9. 在确定商品销售收入金额时,不应考虑各种预计可能发生的现金折扣。 ( )

10. 某企业销售商品一批,不含税销售款为10 000元,增值税的销项税额为1 700元,现金折扣为200元,计入主营业务收入账户的金额应为10 000元。 ( )

11. 复式记账法是指对于发生的每一项经济业务都要以相等的金额同时在相互联系的两个账户中进行登记的一种记账方法。 ( )

12. 职工离职后,企业提供给职工的全部货币性薪酬和非货币性福利,不应通过"应付职工薪酬"科目核算。 ( )

13. 如果试算平衡表借贷不等,账户记录肯定有错误,但试算平衡表借贷相等也不能说明账户记录绝对正确。 ( )

14. 实物盘点后,应根据"实存账存对比表"作为调整账面余额记录的原始依据。 ( )

15. 年度终了,各种账户在结转下年、建立新账后,一般都要把旧账送交主办会计集中统一管理。 ( )

16. 期末对账时包括账证核对,即会计账簿记录与原始凭证、记账凭证的时间、凭证字号、内容、金额是否一致,记账方向是否相符。 ( )

17. 存货的盘亏净损失经批准后应该计入管理费用科目。 ( )

18. 企业销售商品时应在将所有权凭证或实物交给对方时确认收入。 ( )

19. 财会部门或经办人必须在会计年度终了后的第一天，将应归档的会计档案全部移交档案部门，保证会计档案齐全完整。   （   ）

20. 主营业收入账户期末结转入"本年利润"账户后应无余额。   （   ）

模拟试题(四)参考答案及详细解析

一、单项选择题

1. A

【解析】 本题考查借贷记账法下账户的结构。资产类、费用类、成本类账户借方登记增加额，贷方登记减少额；负债类、收入类、所有者权益类账户借方登记减少额，贷方登记增加额。

2. B

【解析】 本题考查会计等式的内容。选项 B 不正确，应该是"资产 = 权益"。

3. B

【解析】 本题考查财产清查的处理。固定资产盘亏净损失应计入营业外支出。

4. B

【解析】 本题考查财务报表的组成。一套完整的财务报表至少应当包括资产负债表、利润表、现金流量表、所有者权益(或股东权益)变动表以及附注。

5. C

【解析】 本题考查固定资产折旧金额的计算。本题固定资产的入账价值 = 10 000 + 300 = 10 300(元)，该设备应从 2010 年 2 月份开始计提折旧，2010 年计提 11 个月的折旧，所以 2010 年应计提的折旧额 = 10 300/10 × 11/12 = 944. 17(元)。

6. A

【解析】 本题考查原材料的入账价值。外购存货的成本 = 买价 + 运输费 + 装卸费 + 保险费 + 包装费等费用 + 入库前的挑选整理费用 + 按规定应计入成本的税金以及其他费用，因为是小规模纳税人，增值税进项税额不可以抵扣，应该计入外购存货成本中。所以原材料的入账价值 = 3 000 + 510 + 50 + 30 = 3 590(元)。

7. A

【解析】 本题考查交易性金融资产的初始计量。交易性金融资产取得时的初始计量金额是取得该资产的公允价值。支付的税金、手续费等相关费用计入"投资收益"。实际支付的价款中，若包含已宣告而尚未发放的股利，应从实际支付的价款中扣除，作为"应收股利"单独核算。所以，本题交易性金融资产的入账价值 = 11 900 – 1 500 – 100 = 10 300(元)。

8. B

【解析】 本题考查会计计量属性。我国现行企业会计准则规定，交易性金融资产在资产负债表日应按照公允价值计量。

9. A

【解析】 本题考查支付职工福利费的处理。

借：应付职工薪酬

51

贷：库存现金或银行存款

10. C

【解析】 本题考查通用凭证包含的内容。通用凭证指的是由有关部门统一印制、在一定范围内使用的具有统一格式和使用方法的原始凭证。如由国家税务局统一印制的全国通用的增值税专用发票、某省（市）印制的在该省（市）使用的发货票、由人民银行制作的在全国通用的银行转账结算凭证等。ABD 都属于专用凭证。

11. B

【解析】 本题考查营业利润的计算。营业利润 = 1 000 000 + 80 000 − 760 000 − 50 000 − 30 000 − 40 000 − 30 000 − 15 000 = 155 000（元）

12. A

【解析】 本题考查利润总额的计算。利润总额 = 155 000 + 90 000 − 75 000 = 170 000（元）

13. C

【解析】 本题考查净利润的计算。净利润 = 170 000 − 75 000 = 95 000（元）

14. C

【解析】 本题考查股票发行溢价的计算。发行股票计入股本的金额 = 10 000 × 1 = 10 000（元），计入资本公积的金额 = 10 000 × 5 − 10 000 = 40 000（元）。

15. A

【解析】 本题考查全面清查的适用范围。

16. B

【解析】 本题考查应收账款账户期末余额的计算。应收账款账户的期末余额 = 260 000 + 150 000 − 120 000 = 290 000（元），期末余额在借方。

17. B

【解析】 本题考查会计恒等式的相关计算。资产 = 负债 + 所有者权益，所有者权益 = 200 − 40 + 20 = 180（万元）。

18. D

【解析】 本题考查账务处理程序的特点。汇总记账凭证账务处理程序与科目汇总表账务处理程序的相同点是简化了登记总分类账的工作量。

19. A

【解析】 本题考查总分类账户和明细分类账户的区别。总分类账户和明细分类账户记账的依据、方向和期间都是相同的。

20. B

【解析】 本题考查材料成本差异率的计算。甲材料的材料成本差异率 = [100 + (210 − 200) × 50] ÷ [(50 + 50) × 200] × 100% = 3%

21. B

【解析】 本题考查短期借款的期限。短期借款是指企业向银行等金融机构借入的期限在一年以下（含一年）的各种借款。企业会计准则不再强调从经营周期来进行判断。

22. B

【解析】 本题考查长期借款利息的处理。购建固定资产专门借入的款项，所发生的利息，在所购建的固定资产达到预定使用状态之前发生的，应当在发生时予以资本化，计入相应的固定资产成本，在所购建的固定资产达到预定使用状态后发生的，应当与发生当期确认为当期的财务费用。

23. D

【解析】本题考查收入的确认。选项 D 处置无形资产取得收入属于利得，不属于收入的范畴。

24. D

【解析】本题考查账户的登记。账户哪方登记增加，哪方登记减少取决于账户所记录的经济业务和账户的性质。

25. C

【解析】本题考查原始凭证的种类。选项 C 属于外来原始凭证。

26. D

【解析】本题考查记账凭证的编制。企业用银行存款购入材料，会造成银行存款的减少，应该编制银行存款付款凭证。

27. D

【解析】本题考查原始凭证的审核。

28. B

【解析】本题考查借贷记账法下账户的结构。所有者权益类科目增加计入贷方，减少计入借方。

29. B

【解析】本题考查账簿的使用。现金日记账和银行存款日记账应该采用订本账。

30. B

【解析】本题考查总分类账采用的账页格式。总分类账最常见的格式为三栏式，设置借方、贷方和余额三个基本金额栏目。

31. D

【解析】本题考查盈余公积的作用。企业计提的盈余公积可以用于弥补亏损、转增资本或股本、发放现金股利或利润。

32. A

【解析】本题考查代扣个人所得税的处理。企业从应付职工工资中代扣个人所得税的会计处理为：

借：应付职工薪酬

　　贷：应交税费——应交个人所得税

33. D

【解析】本题考查现金结算范围。选项 D 应采用银行转账结算。

34. D

【解析】本题考查财产清查方法。

35. B

【解析】本题考查成本类科目的内容。其他业务成本属于损益类科目。

36. A

【解析】本题考查利润表的编制依据。利润表是以"收入－费用＝利润"这一会计等式作为编制依据的。

37. D

【解析】本题考查数量金额式账簿的使用范围。收入、费用和生产成本明细账一般采用多栏式账簿，原材料明细账应该使用数量金额式账簿。

38. D

【解析】本题考查记账凭证账务处理程序的缺点。记账凭证账务处理程序的缺点是登记总分类账的工作量较大。

39. B

【解析】本题考查短期借款明细账的设置。短期借款应该按照债权人设置明细账。

40. A

【解析】本题考查会计档案的保管。会计档案的保管期限是从会计年度终了后第一天算起。

二、多项选择题

1. ABC

【解析】本题考查流动负债的内容。应付债券属于非流动负债。

2. ABCD

【解析】本题考查存货成本的构成。存货的采购成本包括买价、相关税费、运输费、装卸费、保险费、运输途中的合理损耗、入库前的挑选整理费以及其他可归属于存货采购成本的费用。

3. ABC

【解析】本题考查会计等式的内容。判断依据：资产＝负债＋所有者权益。

4. ABCD

【解析】本题考查利润表项目的计算。

5. ABD

【解析】本题考查交易性金融资产的相关内容。实际支付的价款中包含已宣告尚未派发的现金股利或已到付息期但尚未领取的债券利息应作为"应收股利"或"应收利息"单独核算；支付的相关费用应计入投资收益，取得的现金股利确认为投资收益。

6. ABCD

【解析】本题考查固定资产核算的账户设置。"固定资产"核算固定资产的原值，"累计折旧"核算企业计提的折旧，"工程物资"核算企业建造固定资产购入的物资，"在建工程"核算建造固定资产发生的建造成本。

7. BCD

【解析】本题考查会计档案的保管。各种会计档案的保管期限根据其特点分为永久和定期两种。会计档案的定期保管期限分为：3 年、5 年、10 年、15 年、25 年 5 类。

8. ABCD

【解析】本题考查账实不符的原因。造成账实不符的原因是多方面的：如财产物资保管过程中发生的自然损耗；财产物资收发过程中由于计量或检验不准，造成多收或少收的差错；由于管理不善、制度不严造成的财产损坏、丢失、被盗；在账簿记录中发生的重记、漏记、错记等。

9. ABCD

【解析】本题考查银行存款相关的账务处理。选项 A 表示从银行提取现金；选项 B 表示用银行存款偿付债务；选项 C 表示用银行存款购买原材料；选项 D 表示用银行存款偿还长期借款。

10. BCD

【解析】本题考查错账的更正方法。账簿记录发生错误,应根据错误的类型选择补充登记法、红字更正法或划线更正法进行更正。

11. ABCD

【解析】本题考查会计期间的划分。

12. ABCD

【解析】本题考查财务成果的计算和处理内容。财务成果的计算和处理一般包括利润的计算、所得税费用的计算、利润分配和亏损弥补等。

13. CD

【解析】本题考查经济业务对会计要素的影响。权益包括债权人权益和所有者权益,也就是负债和所有者权益。

选项 A 的分录:

借:无形资产

　　贷:银行存款

该业务导致资产内部一增一减,资产总额不变。

选项 B 的分录:

借:短期借款

　　贷:银行存款

该业务导致资产和负债总额同时减少。

选项 C 的分录:

借:银行存款

　　贷:实收资本(或股本)等

该业务导致资产和所有者权益总额同时增加。

选项 D 的分录:

借:原材料

　　贷:应付账款

该业务导致资产和负债总额同时增加。

14. ACD

【解析】本题考查原始凭证的填制要求。阿拉伯数字不可以用连笔书写。

15. ACD

【解析】本题考查可以使用红色墨水记账的情况。选项 B 应使用蓝黑墨水或碳素墨水并用钢笔书写。

16. ABCD

【解析】本题考查固定资产计提折旧的处理。对于生产车间固定资产计提的折旧,记入"制造费用"账户;对行政管理部门固定资产计提的折旧,记入"管理费用"账户;对专设销售机构固定资产计提的折旧,记入"销售费用"账户;对经营租赁租出的固定资产计提的折旧,记入"其他业务成本"账户。

17. ACD

【解析】本题考查各种账簿格式适用的范围。应收账款明细账一般采用活页账的形式。

18. BC

【解析】本题考查未达账项对银行存款余额的影响。

19. ABD

【解析】本题考查会计档案的保管期限。现金和银行存款日记账应保管 25 年。

20. ABCD

【解析】本题考查会计档案包含的内容。

三、判断题

1. ×

【解析】本题考查原始凭证的更正。原始凭证填写有错误的，应当由出具原始凭证的单位重开或更正，更正处应当加盖出具原始凭证单位的印章；原始凭证金额有错误的不得更正，只能由出具原始凭证的单位重开。

2. √

【解析】本题考查财产清查的分类。

3. ×

【解析】本题考查交易性金融资产的入账价值。购入交易性金融资产时支付的交易费用应该计入当期的投资收益。

4. √

【解析】本题考查现金折扣的核算。一般情况下客户付款时间越长，则获得的现金折扣就越少，应收账款收回金额就越大，所以这种说法是正确的。

5. ×

【解析】本题考查复式记账法的特点。

6. ×

【解析】本题考查记账凭证的编制要求。现金存入银行编制现金付款凭证，不需要编制银行存款收款凭证。

7. ×

【解析】本题考查原始凭证的填制要求。自制原始凭证是指由本单位内部经办业务的部门和人员在执行或完成某项经济业务时填制的，仅供本单位内部使用的原始凭证。

8. √

【解析】本题考查固定资产项目金额的填列。

9. √

【解析】本题考查现金折扣的处理。现金折扣在发生时记入当期的财务费用，在确认收入时不考虑。

10. √

【解析】本题考查现金折扣下收入金额的确认。

11. ×

【解析】本题考查复式记账法的定义。复式记账法是指对于发生的每一项经济业务都要以相等的金额同时在相互联系的两个或两个以上的账户中进行登记的一种记账方法。

12. ×

【解析】本题考查应付职工薪酬核算的内容。应付职工薪酬包括职工在职期间和离职后提供给职工的全部货币性薪酬和非货币性福利，也包括解除劳务关系给予的补偿。

13. √

【解析】本题考查试算平衡的应用。

14. √

【解析】本题考查可以作为调整账面记录的原始凭证。

15. ×

【解析】本题考查会计档案的保管。年度终了，各种账户在结转下年、建立新账后，会计账簿可暂由本单位财务会计部门保管一年，期满之后，由财务会计部门编造清册移交本单位的档案部门保管。

16. √

【解析】本题考查账证核对的内容。

17. ×

【解析】本题考查存货盘亏的核算。如果是自然灾害等导致的原材料毁损，净损失应该记入营业外支出科目。

18. ×

【解析】本题考查收入的确认。确认商品销售收入需要同时满足五个条件：(1)企业已将商品所有权上的主要风险和报酬转移给购货方。(2)企业既没有保留通常与所有权相联系的继续管理权，也没有对已售出的商品实施控制；(3)相关的经济利益很可能流入企业；(4)收入的金额能够可靠计量；(5)相关的已发生的成本能够可靠地计量。原题的叙述仅仅满足了第一个条件。

19. ×

【解析】本题考查会计档案的保管。当年形成的会计档案，在会计年度终了，可暂由单位财务会计部门保管一年。期满之后，原则上应由财务会计部门编造清册，移交本单位的档案部门保管；未设立档案部门的，应当在财务会计部门指定专人保管。

20. √

【解析】本题考查损益类账户的期末结转。主营业务收入账户的期末余额应全部转入"本年利润"账户，转入"本年利润"后该账户无余额。

全国会计从业资格考试

《会计基础》

模拟试题(五)

一、单项选择题(本类题共40小题，每小题1分，共40分。在每小题给出的四个备选答案中，只有一个符合题的正确答案，请将所选答案的字母填在题后的括号内。多选、错选、不选均不得分。)

1. 某企业"原材料"期末余额100 000元，"生产成本"期末余额50 000元，"库存商品"期末余额120 000元，"存货跌价准备"期末余额10 000元。则资产负债表"存货"项目应填列的是( )元。

   A. 300 000   B. 260 000   C. 280 000   D. 270 000

2. 负债及所有者权益类账户的期末余额一般在( )。

   A. 借方   B. 借方或贷方   C. 贷方   D. 无余额

3. 甲公司于2010年12月1日从证券市场上购入A公司发行在外的股票100万股，作为交易性金融资产核算。购入时每股支付价款10元，另支付相关费用20万元；2010年12月31日，该部分股票的公允价值为1 060万元。则2010年12月31日，甲公司应确认的公允价值变动损益为( )万元。

   A. 60   B. -60   C. 40   D. -40

4. 会计的基本职能包括( )。

   A. 会计控制与会计决策   B. 会计预测与会计控制

   C. 会计核算与会计监督   D. 会计计划与会计决策

5. "实收资本"账户的期末余额等于( )。

   A. 期初余额+本期借方发生额-本期贷方发生额

   B. 期初余额+本期借方发生额+本期贷方发生额

   C. 期初余额+本期贷方发生额-本期借方发生额

   D. 期初余额-本期借方发生额-本期贷方发生额

6. 下列不计提折旧的固定资产是( )。

   A. 季节性停用的   B. 大修理停用的

   C. 已提足折旧继续使用的   D. 房屋建筑物

7. 下列业务中属于收取银行存款核算的是( )。

   A. 从银行提取库存现金   B. 从银行取得短期借款

   C. 支付前欠货款   D. 销售商品收到商业汇票一张

8. 下列项目中通过"固定资产清理"科目贷方核算是( )。

   A. 转入清理的固定资产的净值   B. 发生的清理费用

   C. 结转的固定资产清理净损失   D. 结转的固定资产清理净收益

9. 资产负债表的下列项目中，根据几个总账账户期末余额进行汇总填列的是(　　)。

    A. 固定资产   B. 短期借款   C. 货币资金   D. 应收账款

10. 下列业务中应该编制收款凭证的是(　　)。

    A. 购买原材料用银行存款支付   B. 收到销售商品的款项

    C. 购买固定资产，款项尚未支付   D. 销售商品，收到商业汇票一张

11. 分配车间管理人员的工资时应计入(　　)账户。

    A. 管理费用   B. 制造费用   C. 生产成本   D. 库存商品

12. 某企业出现现金短缺，经查是由出纳保管不善造成的，则经批准后应计入(　　)账户。

    A. 管理费用   B. 其他应收款   C. 其他应付款   D. 营业外支出

根据以下资料，完成第13～17题。

甲公司有关总账账户2010年3月末余额如下(单位：元)：

银行存款	300 000	应付账款	10 000
原材料	100 000	应付债券	30 000
库存现金	90 000	实收资本	300 000
短期借款	50 000	盈余公积	100 000

该公司2010年4月份发生下列经济业务：

(1) 收到投资人追加投资100 000元，存入银行；

(2) 购入原材料一批，购买价款共计20 000元，材料已验收入库，款项尚未支付(不考虑增值税)；

(3) 以银行存款支付前欠购货款10 000元；

(4) 投资者收回投资100 000元，以银行存款支付；

(5) 从银行提取现金2 000元备用；

(6) 从银行借入短期借款20 000元，直接归还前欠购货款；

(7) 经批准用盈余公积50 000元转增资本；

(8) 以盈余公积10 000元向投资者分配利润；

(9) 经批准将企业原发行的10 000元应付债券转为实收资本。

甲公司的记账凭证分为现收、现付、银收、银付和转账五大类。该公司本月已经完成了填制记账凭证、记账、结账以及试算平衡等工作。

13. 甲公司"实收资本"账户4月份贷方发生额合计数为(　　)元。

    A. 100 000   B. 160 000   C. 60 000   D. 300 000

14. 甲公司"银行存款"账户4月末余额为(　　)元。

    A. 40 000   B. 47 000   C. 52 000   D. 288 000

15. 甲公司4月份"试算平衡表"中的"本期借方发生额合计"为(　　)元。

    A. 80 000   B. 132 000   C. 322 000   D. 412 600

16. 甲公司4月份"试算平衡表"中的"期末贷方余额合计"为(　　)元。

    A. 260 000   B. 329 000   C. 340 000   D. 500 000

17. 甲公司4月份第(5)项业务的记账凭证编号为(　　)。

    A. 转字第5号   B. 银收字第1号   C. 银付字第2号   D. 银付字第3号

18. 下列各项不属于会计计量属性的是(　　)。

A. 实际成本   B. 历史成本   C. 重置成本   D. 公允价值

19. 设置"预收账款"科目的企业，采用预收款销售商品的业务中，在收到购货单位补付货款时，应编制的会计分录是( )。

   A. 借：预收账款
   　　　贷：银行存款

   B. 借：银行存款
   　　　贷：预收账款

   C. 借：预收账款
   　　　贷：原材料

   D. 借：银行存款
   　　　贷：原材料

20. 关于"银行存款余额调节表"，下列说法正确的是( )。

   A. 企业可根据"银行存款余额调节表"调整账簿
   B. "银行存款余额调节表"是重要的原始凭证
   C. "银行存款余额调节表"调节后的余额一般是企业可以动用的实际存款数
   D. "银行存款余额调节表"调节平衡后，说明企业与银行双方记账均无错误

21. 某企业资产总额为 500 万元，所有者权益为 400 万元。向银行借入 70 万元借款后，负债总额为( )。

   A. 470 万元   B. 170 万元   C. 570 万元   D. 30 万元

22. 企业确认坏账损失时的会计分录为( )。

   A. 借：资产减值损失
   　　　贷：应收账款

   B. 借：销售费用
   　　　贷：应收账款

   C. 借：营业外支出
   　　　贷：应收账款

   D. 借：坏账准备
   　　　贷：应收账款

23. ( )账户的借方余额反映期末的在产品成本。

   A. 生产成本   B. 原材料   C. 库存商品   D. 材料采购

24. 关于会计科目，下列说法中不正确的是( )。

   A. 会计科目的设置应该符合国家统一会计准则的规定
   B. 会计科目是设置账户的依据
   C. 企业不可以自行设置会计科目
   D. 账户是会计科目的具体运用

25. 冲销无法支付的应付账款，应该借记( )科目。

   A. 应付账款   B. 应收账款   C. 营业外支出   D. 营业外收入

26. 下列各项中，不属于职工薪酬核算内容的是( )。

   A. 社会保险   B. 职工教育经费   C. 业务招待费   D. 职工困难补贴

27. 甲公司建造办公楼领用外购原材料 20 000 元，原材料购入时支付的增值税为 3 400 元。

则甲公司记入"应交税费—应交增值税（进项税额转出）"科目的金额为(　　　)元。

    A. 23 400   B. 2 040   C. 3 400   D. 10 200

28. 限额领料单属于(　　　)。

    A. 通用凭证   B. 一次凭证   C. 累计凭证   D. 汇总凭证

29. 下列各项中，不属于记账凭证编制基本要求的是(　　　)。

    A. 必须经由单位负责人签字   B. 各项内容必须完整

    C. 书写应清楚、规范   D. 编号要连续

30. 能够计入产品成本的工资费用是(　　　)。

    A. 车间管理人员的工资   B. 在建工程人员工资

    C. 专设销售机构人员工资   D. 企业管理部门人员工资

31. 卡片账一般在(　　　)时采用。

    A. 无形资产总分类核算   B. 固定资产明细分类核算

    C. 原材料总分类核算   D. 原材料明细分类核算

32. 下列关于会计账簿启用与保管不正确的做法是(　　　)。

    A. 启用账簿时，要填写账簿启用及交接表，并在经管人员处签名盖章

    B. 为明确会计人员责任，登记某种账簿的人员，不必对该账簿的保管负责，应由保管会计档案的人员负责

    C. 启用订本式账簿，应当从第一页到最后一页顺序编定页数，不得跳页、缺号

    D. 年度终了会计账簿可暂由本单位财务会计部门保管一年，期满之后由财务会计部门编造清册移交本单位的档案部门保管

33. 下列各项中，不通过管理费用核算的是(　　　)。

    A. 开办费   B. 职工差旅费   C. 广告费   D. 印花税

34. 下列应该使用多栏式账簿的是(　　　)。

    A. 应收账款明细账   B. 主营业务收入明细账

    C. 库存商品明细账   D. 原材料明细账

35. 一般来说，单位撤销合并或改变隶属关系时，要进行(　　　)。

    A. 全面清查   B. 局部清查   C. 定期清查   D. 技术推算盘点

36. 下列业务中，应该计入其他业务成本的是(　　　)。

    A. 自用无形资产的摊销额   B. 结转出售原材料的成本

    C. 转让固定资产所有权的净损益   D. 提供劳务的收入

37. 下列各项中，不通过"财务费用"账户核算的是(　　　)。

    A. 借款手续费   B. 汇兑损失

    C. 发行股票溢价收入   D. 费用化的利息支出

38. 库存现金清查中对无法查明原因的长款，经批准应记入(　　　)。

    A. 其他应收款   B. 其他应付款   C. 营业外收入   D. 管理费用

39. 某会计人员在审核记账凭证时，发现误将8 000元写成800元，尚未入账，一般应(　　　)。

    A. 重新编制记账凭证   B. 采用红字更正法更正

    C. 采用补充登记法更正   D. 采用冲账法更正

40. 定期保管的会计档案期限最长为(　　　)。

    A. 20 年   B. 15 年   C. 25 年   D. 10 年

二、多项选择题(本类题共20小题，每小题2分，共40分。在每小题给出的四个备选答案中，有两个或两个以上符合题意的正确答案，请将所选答案的字母填在题后的括号内。多选、少选、错选、不选均不得分。)

1. 下列说法中正确的有(　　)。

A. 制造费用明细账应该采用多栏式账页格式登记

B. 企业银行存款日记账与银行对账单的核对属于对账工作中的账实核对

C. 企业把应当记入"管理费用"的项目记入"制造费用"会影响成本计算的正确性

D. "待处理财产损溢"账户的月末结账前借方余额表示等待处理的财产盘盈数

2. 企业将一台设备出租给B企业，租期3个月，收取押金1 500元，存入银行。3个月后，B企业退还该设备，因管理不善，按约定扣除押金的60%作为罚款，其余押金退还B企业。下列分录正确的有(　　)。

A. 借：银行存款　　　　　　　　　　　　　　　　　　　　　1 500
　　贷：其他应付款——B企业　　　　　　　　　　　　　　　　1 500

B. 借：其他应付款——B企业　　　　　　　　　　　　　　　　1 500
　　贷：其他业务收入　　　　　　　　　　　　　　　　　　　　900
　　　　银行存款　　　　　　　　　　　　　　　　　　　　　　600

C. 借：银行存款　　　　　　　　　　　　　　　　　　　　　1 500
　　贷：应付账款——B企业　　　　　　　　　　　　　　　　　1 500

D. 借：其他应付款——B企业　　　　　　　　　　　　　　　　1 500
　　贷：营业外收入　　　　　　　　　　　　　　　　　　　　　900
　　　　银行存款　　　　　　　　　　　　　　　　　　　　　　600

3. 企业核算交易性金融资产的现金股利时，可能涉及的会计科目有(　　)。

A. 交易性金融资产　　B. 投资收益　　　　　C. 应收股利　　　　D. 银行存款

4. 结账时，正确的做法有(　　)。

A. 结出当月发生额的，在"本月合计"下面通栏划单红线

B. 总账账户平时只需要结出月末余额

C. 12月末，结出全年累计发生额的，在下面通栏划单红线

D. 12月末，结出全年累计发生额的，在下面通栏划双红线

5. 从银行取得借款5 000元，直接归还前欠货款，正确的说法有(　　)。

A. 借记"银行存款"5 000元　　　　　　　　B. 贷记"短期借款"5 000元

C. 借记"应付账款"5 000元　　　　　　　　D. 贷记"应付账款"5 000元

6. 企业计提短期借款利息时，涉及的会计科目有(　　)。

A. 短期借款　　　　B. 应付利息　　　　C. 财务费用　　　　D. 管理费用

7. 商品销售收入确认的条件包括(　　)。

A. 企业已将商品所有权上的主要风险和报酬转移给买方

B. 与交易相关的经济利益很可能流入企业

C. 商品已经发出

D. 相关的收入和成本能可靠计量

8. 下列各项可用于直接转增资本的有(　　)。

A. 资本溢价　　　　　　　　　　　　　　B. 盈余公积

C. 股本溢价　　　　　　　　　　　　D. 接受捐赠的非现金资产

9. 记账凭证可以根据(　　　)编制。

　　A. 一张原始凭证　　　　　　　　　B. 若干张同类原始凭证汇总

　　C. 原始凭证汇总表　　　　　　　　D. 明细账

10. 根据权责发生制原则，应计入本期的收入和费用有(　　　)。

　　A. 前期提供劳务未收款，本期收款　　B. 本期销售商品一批，尚未收款

　　C. 本期耗用的水电费，尚未支付　　　D. 预付下一年的报刊费

11. 下列经济业务中，仅引起资产项目一增一减的有(　　　)。

　　A. 从银行借款10万元，存入银行备用的水电费

　　B. 以现金10万元支付职工工资

　　C. 以银行存款20 000元购入一项固定资产(不考虑增值税)

　　D. 将现金5 000元存入银行

12. 下列属于会计核算具体内容的有(　　　)。

　　A. 款项和有价证券的收付　　　　　B. 财物的收发、增减和使用

　　C. 债权债务的发生和结算　　　　　D. 收入、支出、费用、成本的计算

13. 下列项目中，属于债权的有(　　　)。

　　A. 应收利息　　　B. 短期借款　　　　C. 应付账款　　　　D. 预付款项

14. 下列项目中，通过"营业外支出"账户核算的有(　　　)。

　　A. 计提的固定资产减值损失　　　　B. 出售固定资产净损失

　　C. 捐赠支出　　　　　　　　　　　D. 罚款支出

15. 会计分录的内容包括(　　　)。

　　A. 经济业务内容摘要　　　　　　　B. 账户名称

　　C. 经济业务发生额　　　　　　　　D. 应借应贷方向

16. 涉及现金与银行存款之间的划款业务时，可以编制的记账凭证有(　　　)。

　　A. 银行存款收款凭证　　　　　　　B. 银行存款付款凭证

　　C. 现金收款凭证　　　　　　　　　D. 现金付款凭证

17. 借款单属于(　　　)。

　　A. 外来原始凭证　　B. 自制原始凭证　　　C. 一次凭证　　　　　D. 累计凭证

18. 关于利润分配，下列说法正确的有(　　　)。

　　A. 公司制企业的法定盈余公积应该按照税后利润(假设年初没有未弥补亏损)的10%计提

　　B. 法定盈余公积可以转增资本

　　C. 年末借方余额表示累计尚未弥补的亏损数额

　　D. 未分配利润是没有指定用途的利润

19. 企业财务会计报表按其编报的时间不同，分为(　　　)。

　　A. 半年度报表　　B. 月度报表　　　　C. 季度报表　　　　　D. 年度报表

20. 下列会计档案中，需要永久保存的有(　　　)。

　　A. 会计档案保管清册　　　　　　　B. 会计档案销毁清册

　　C. 会计档案移交清册　　　　　　　D. 年度财务报告

三、判断题(本类题共20小题，每小题1分，共20分。认为正确的，在题后的括号内写"√"；认为错误的，在题后的括号内写"×"。判断正确的得1分，判断错误的扣0.5分，

1. 现金折扣使销售企业应收账款收回的实际数额随客户的付款时间而异。（　　）
2. 当月增加的固定资产，当月计提折旧；当月减少的固定资产，当月不计提折旧。（　　）
3. 当年形成的会计档案，在会计年度终了后，可暂由本单位会计机构保管五年。（　　）
4. 总分类账和明细分类账平行登记要求做到依据相同、方向相同、期间相同、金额相等。
（　　）
5. 属于自然灾害造成的存货毁损，扣除保险公司赔偿和残值后的净损失应记入"管理费用"账户。（　　）
6. 用盈余公积转增资本（股本）后，留存的盈余公积数额不得低于注册资本的15%。（　　）
7. 购入交易性金融资产时支付的交易费用应该计入交易性金融资产的成本中。（　　）
8. 现金清查中发现长款，如果无法查明原因，经批准应冲减当期管理费用。（　　）
9. "利润分配——未分配利润"年末贷方余额表示未弥补的亏损数。（　　）
10. 企业因大修理停用的固定资产应照提折旧。（　　）
11. 只要有经济利益流入，就是企业的收入。（　　）
12. 复式记账法是指对于发生的每一项经济业务都要以相等的金额，在相互联系的两个或两个以上账户中进行记录的记账方法。（　　）
13. 在账簿记录中有可能出现红字。（　　）
14. 一般来说，应收账款拖欠的时间越长，发生坏账的可能性越大。（　　）
15. 对企业的所有固定资产进行盘点属于全面清查。（　　）
16. 为购建固定资产而借入的专门借款的利息应全部计入固定资产的成本。（　　）
17. 流动负债是指应当在一年以内偿还的经济义务。（　　）
18. 企业发生的业务招待费通过"管理费用"核算。（　　）
19. 银行存款余额调节表和银行存款对账单都属于会计档案。（　　）
20. 企业年度会计决算（包括文字分析）保管期限为永久。（　　）

模拟试题（五）参考答案及详细解析

一、单项选择题

1. B
【解析】本题考查存货项目的填列。资产负债表"存货"项目的金额 = 100 000 + 50 000 + 120 000 − 10 000 = 260 000（元）。

2. C
【解析】本题考查账户的结构。负债及所有者权益类账户增加在贷方，减少在借方，期末余额一般在贷方。

3. A
【解析】本题考查交易性金融资产的核算。公允价值变动损益 = 1 060 − 1 000 = 60（万元）。

4. C
【解析】本题考查会计的基本职能。会计的基本职能包括会计核算和会计监督。除这两个基本职能以外，会计还具有预测经济前景、参与经济决策、评价经营业绩等职能。

5. C

【解析】本题考查所有者权益类账户期末余额的计算。"实收资本"账户属于所有者权益类账户，期末余额 = 期初余额 + 本期贷方发生额 − 本期借方发生额。

6. C

【解析】本题考查固定资产计提折旧的范围。除以下情况外，企业应对所有的固定资产计提折旧：(1)已提足折旧仍继续使用的固定资产；(2)按规定单独估价作为固定资产入账的土地。

7. B

【解析】本题考查银行存款收入的业务。从银行提取库存现金和支付前欠货款属于银行存款支出，销售商品收到商业汇票一张，应该借记应收票据，不属于银行存款收入。

8. C

【解析】本题考查固定资产清理科目的核算。转入清理的固定资产的净值、发生的清理费用和结转的固定资产清理净收益在"固定资产清理"科目借方核算；结转的固定资产清理净损失在"固定资产清理"科目贷方核算。

9. C

【解析】本题考查资产负债表中项目金额的填列。"货币资金"项目应该根据"库存现金"、"银行存款"、"其他货币资金"三个总账账户期末余额的合计数填列。

10. B

【解析】本题考查收款凭证核算的经济业务内容。选项 A 应编制付款凭证，选项 C、D 应编制转账凭证。

11. B

【解析】本题考查为生产产品发生的间接费用。本题中车间管理人员的工资费用是属于为生产产品发生的间接费用，应在制造费用账户中进行归集，期末再将制造费用账户中的金额分配结转到生产成本账户中。

12. B

【解析】本题考查财产清查中现金短缺的会计处理。因为现金短缺是由出纳保管不善造成的，应该由出纳赔偿，则应借记"其他应收款"科目。

13. B

【解析】本题考查账户的发生额计算。甲公司"实收资本"账户 4 月份贷方发生额合计数 $= 100\,000 + 50\,000 + 10\,000 = 160\,000(元)$

14. D

【解析】本题考查账户的期末余额的计算。甲公司"银行存款"账户 4 月末余额 $= 300\,000 + 100\,000 - 10\,000 - 100\,000 - 2\,000 = 288\,000(元)$

15. C

【解析】本题考查试算平衡表中金额的填列。甲公司 4 月份"试算平衡表"中的"本期借方发生额合计" $= 100\,000 + 20\,000 + 10\,000 + 100\,000 + 2\,000 + 20\,000 + 50\,000 + 10\,000 + 10\,000 = 322\,000(元)$

16. D

【解析】本题考查试算平衡表中金额的填列。甲公司 4 月份"试算平衡表"中的"期末贷方余额合计" = 短期借款(50 000 + 20 000) + 应付账款(10 000 + 20 000 - 10 000 - 20 000) + 应付债券(30 000 - 10 000) + 实收资本(300 000 + 100 000 - 100 000 + 50 000 + 10 000) + 盈余公积(100 000 - 50 000 - 10 000) + 应付股利 10 000 = 500 000(元)

17. D

【解析】本题考查记账凭证填列的字号。这笔业务是第三笔银行存款付款业务,因此编制银付字第 3 号凭证。

18. A

【解析】本题考查会计计量属性包含的内容。会计计量属性包含五个:历史成本、重置成本、可变现净值、现值、公允价值。

19. B

【解析】本题考查预收款销售商品业务的账务处理。
企业收到预收账款时
借:银行存款
　　贷:预收账款
销售实现时
借:预收账款
　　贷:主营业务收入
　　　　应交税费——应交增值税(销项税额)
收到补付的货款时
借:银行存款
　　贷:预收账款

20. C

【解析】本题考查银行存款余额调节表的相关内容。企业不可根据"银行存款余额调节表"调整账簿,只有结算凭证到达后才能进行账务处理;调节平衡后,如果双方记账存在重复记账、漏记账、借贷方向错误,双方余额仍然相等。

21. B

【解析】本题考查负债的计算。负债总额 = 500 - 400 + 70 = 170(万元)

22. D

【解析】本题考查确认坏账的会计处理。

23. A

【解析】本题考查账户的核算内容。

24. C

【解析】本题考查会计科目。由于各企业的经营特点不同,内部经营管理对会计信息的要求不同,允许企业在不违背会计准则的前提下,在不影响会计核算要求和财务报表指标汇总的条件下,可以根据自身的实际情况自行设置一些科目进行会计核算。

25. A

【解析】本题考查冲销无法支付的应付账款的处理。冲销无法支付的应付账款,账务处理为:
借:应付账款
　　贷:营业外收入

26. C

【解析】本题考查职工薪酬核算的内容。业务招待费应直接计入当期损益，不属于企业为职工支付的薪酬。

27. C

【解析】本题考查工程领用原材料时增值税的处理。

28. C

【解析】本题考查限额领料单。累计凭证的填制手续是多次进行才能完成的，它一般为自制原始凭证，最具代表性的累计凭证是限额领料单。

29. A

【解析】本题考查记账凭证编制的基本要求。

30. A

【解析】本题考查产品成本核算的内容。选项A先计入制造费用，然后再转入生产成本中；选项B计入在建工程；选项C计入销售费用；选项D计入管理费用。

31. B

【解析】本题考查卡片账的使用。

32. B

【解析】本题考查会计账簿的启用和保管。

33. C

【解析】本题考查管理费用的核算范围。广告费应该通过销售费用核算。

34. B

【解析】本题考查多栏式账簿的适用范围。

35. A

【解析】本题考查财产清查。

36. B

【解析】本题考查其他业务成本的核算内容。自用无形资产的摊销额应该计入管理费用，转让固定资产所有权的净损益应该计入营业外支出或营业外收入，提供劳务的收入一般应计入主营业务收入或其他业务收入。

37. C

【解析】本题考查财务费用的核算内容。选项C计入资本公积。

38. C

【解析】本题考查库存现金的清查。对于盘盈的无法查明原因的库存现金，经批准后应记入"营业外收入"科目。

39. A

【解析】本题考查记账凭证有误的处理。如果入账之前发现记账凭证错误的，应该重新编制记账凭证。

40. C

【解析】本题考查会计档案保管期限。《会计档案管理办法》规定的定期档案保管期限分为3年、5年、10年、15年、25年5种。

二、多项选择题

1. ABC

【解析】本题考查知识的综合运用。待处理财产损溢账户结账前的期末余额在借方表示的是财产的盘亏金额。

2. AD

【解析】本题考查关于押金的账务处理。对于收取的押金，应该通过"其他应付款"核算，罚款收入应记入"营业外收入"，所以，BC不正确。

3. BCD

【解析】本题考查持有交易性金融资产取得现金股利的核算。企业在持有交易性金融资产期间对方宣告现金股利时的账务处理是：

借：应收股利
  贷：投资收益

收到现金股利时做的账务处理是：

借：银行存款
  贷：应收股利

4. ABD

【解析】本题考查结账的处理原则。12月末，结出全年累计发生额的，在下面通栏划双红线。

5. BC

【解析】本题考查经济业务的账务处理。

分录如下：

借：应付账款   5 000
  贷：短期借款   5 000

6. BC

【解析】本题考查计提短期借款利息的会计处理。计提的短期借款利息的分录为：

借：财务费用
  贷：应付利息

7. ABD

【解析】本题考查商品销售收入确认条件。

8. ABC

【解析】本题考查可以用于转增资本的项目。企业计提的盈余公积、累计的未分配利润、股本(资本)溢价都是可以转增资本的。

9. ABC

【解析】本题考查记账凭证的编制。记账凭证可以根据每一张原始凭证编制或根据若干张同类原始凭证汇总编制，也可以根据原始凭证汇总表编制。

10. BC

【解析】本题考查权责发生制原则。权责发生制要求凡是当期已经实现的收入和已经发生或应负担的费用，无论款项是否支付，都应当作为当期的收入和费用确认。

11. CD

【解析】本题考查企业的主要经济业务核算。选项A分录为：

借：银行存款   100 000
  贷：短期借款(或长期借款)   100 000

资产和负债同时增加。

选项 B 分录为：

借：应付职工薪酬　　　　　　　　　　　　　　　　　100 000
　　贷：库存现金　　　　　　　　　　　　　　　　　　　　　　100 000

资产和负债同时减少。

选项 C 分录为：

借：固定资产　　　　　　　　　　　　　　　　　　　20 000
　　贷：银行存款　　　　　　　　　　　　　　　　　　　　　　20 000

资产内部一增一减。

选项 D 分录为：

借：银行存款　　　　　　　　　　　　　　　　　　　5 000
　　贷：库存现金　　　　　　　　　　　　　　　　　　　　　　5 000

资产内部一增一减。

12. ABCD

【解析】本题考查会计核算的具体内容。

13. AD

【解析】本题考查债权的内容。选项 B、C 是企业的债务。

14. BCD

【解析】本题考查营业外支出的核算内容。计提的固定资产减值损失应该计入资产减值损失。

15. BCD

【解析】本题考查会计分录包括的内容。会计分录是指对某项经济业务事项标明其应借应贷账户及其金额的记录。选项 A 是会计凭证应该具备的内容。

16. BD

【解析】本题考查记账凭证的编制。从银行提取现金只编制银行存款付款凭证，将现金存入银行只编制现金付款凭证。

17. BC

【解析】本题考查借款单。借款单属于自制原始凭证，也属于一次凭证。

18. ABCD

【解析】本题考查利润分配。

19. ABCD

【解析】本题考查财务会计报表的分类。企业财务会计报表按其编报的时间不同，分为月度、季度、半年度、年度报表。

20. ABD

【解析】本题考查会计档案的保管。会计档案移交清册的保管期限是 15 年，选项 ABD 均要永久保存。

三、判断题

1. √

【解析】本题考查现金折扣情况下收到货款金额的确定。一般情况下，客户付款时间越长，则获得的现金折扣就越少，应收账款收回金额就越大，所以这个说法是正确的。

2. ×

【解析】本题考查固定资产计提折旧的原则。当月增加的固定资产，当月不提折旧，从下月起计提折旧；当月减少的固定资产，当月计提折旧，从下月起不计提折旧。

3. ×

【解析】本题考查会计档案保存的时间。当年形成的会计档案，在会计年度终了后，可暂由本单位会计机构保管一年。

4. √

【解析】本题考查平行登记的要求。

5. ×

【解析】本题考查存货盘亏的账务处理。属于自然灾害造成的存货毁损，扣除保险公司赔偿和残值后的净损失应记入"营业外支出"账户。

6. ×

【解析】本题考查盈余公积转增资本的限额。盈余公积转增资本（股本）后，留存的盈余公积数额不得低于注册资本的25%。

7. ×

【解析】本题考查取得交易性金融资产的相关费用的处理。购入交易性金融资产时支付的交易费用应该计入当期的投资收益。

8. ×

【解析】本题考查现金溢余的账务处理。现金清查中发现长款，如果无法查明原因，经批准应计入营业外收入。

9. ×

【解析】本题考查"利润分配——未分配利润"账户的期末余额的含义。"利润分配——未分配利润"年末借方余额表示未弥补的亏损数，该亏损可能是当年形成的也可能是历年来累积形成的。

10. √

【解析】本题考查固定资产计提折旧的范围。

11. ×

【解析】本题考查企业收入的认定。例如营业外收入也能导致经济利益流入企业，但是它不是日常活动形成的，不属于企业的收入。

12. √

【解析】本题考查复式记账法的概念。

13. √

【解析】本题考查红字的使用情况。下列情况下，可以使用红色墨水记账：（1）按照红字冲账的记账凭证，冲销错误记录；（2）在不设借贷等栏的多栏式账页中，登记减少数；（3）在三栏式账户的余额栏前，如未印明余额方向的，在余额栏内登记负数余额；（4）根据国家统一的会计制度的规定可以用红字登记的其他会计记录。

14. √

【解析】本题考查应收账款发生坏账的内容。

15. ×

【解析】本题考查财产清查。全面清查是指对企业全部财产进行盘点与核对，对企业的所有固定资产进行盘点属于局部清查。

16. ×

【解析】本题考查借款利息的处理。为购建固定资产而借入的专门借款的利息在固定资产达到预定可使用状态前应全部计入固定资产的成本，在达到预定可使用状态后应计入财务费用。

17. ×

【解析】本题考查流动负债的概念。流动负债是指将在 1 年或者超过 1 年的一个营业周期内偿还的债务。

18. √

【解析】本题考查业务招待费的核算。

19. √

【解析】本题考查会计档案的内容。

20. √

【解析】本题考查会计档案保管期限。

全国会计从业资格考试
《会计基础》
模拟试题（六）

一、单项选择题(本类题共20小题，每小题1分，共20分。在每小题给出的四个备选答案中，只有一个符合题意的正确答案，请将所选答案的字母填在题后的括号内。多选、错选、不选均不得分。)

1. 以库存现金支付给采购人员预借的差旅费，应借记(　　)账户。
   A. 库存现金　　　　B. 管理费用　　　　C. 材料采购　　　　D. 其他应收款

2. 开出转账支票支付购买材料价款50 000元时，应编制(　　)。
   A. 收款凭证　　　　B. 付款凭证　　　　C. 转账凭证　　　　D. 累计凭证

3. 下列各项属于工业企业主营业务收入的是(　　)。
   A. 出租固定资产取得的收入　　　　　　B. 出售固定资产取得的收入
   C. 转让无形资产使用权的使用费收入　　D. 销售商品取得的收入

4. 下列各项中，应直接计入产品成本的是(　　)。
   A. 车间管理人员的工资　　　　　　　　B. 生产工人的工资
   C. 销售机构人员的工资　　　　　　　　D. 医疗福利部门人员的工资

5. 企业本期发生的下列支出中，不能直接或间接归入营业成本，而是直接计入当期损益的费用是(　　)。
   A. 车间管理人员工资　　　　　　　　　B. 业务招待费
   C. 生产车间水电费　　　　　　　　　　D. 在建工程人员工资

6. 原始凭证是在经济业务(　　)时取得或填制的。
   A. 填制记账凭证　　　　　　　　　　　B. 发生或完成
   C. 登记明细账　　　　　　　　　　　　D. 编制原始凭证汇总表

7. 企业开出一张商业汇票用于抵偿上期形成的应付账款，该笔业务会导致(　　)。
   A. 资产和负债同时减少　　　　　　　　B. 资产和负债同时增加
   C. 资产内部此增彼减，总额不变　　　　D. 负债内部此增彼减，总额不变

8. 关于短期借款，下列说法不正确的是(　　)。
   A. 短期借款的期限在一年(含一年)以下
   B. "短期借款"账户借方登记归还的短期借款
   C. 短期借款利息一律记入"财务费用"账户的借方
   D. 短期借款的利息必须预提

9. 下列明细账户中，可以采用数量金额式账簿的是(　　)。
   A. 库存商品明细分类账　　　　　　　　B. 应付账款明细分类账
   C. 管理费用明细分类账　　　　　　　　D. 现金日记账

10. 下列说法正确的是(　　)。

    A. 现金应该每日清点一次　　　　　B. 银行存款每月至少同银行核对两次

    C. 贵重物资每天应盘点一次　　　　D. 债权债务每年至少核对二、三次

11. 下列事项中能够引起资产总额增加的是(　　)。

    A. 以银行存款偿还债务　　　　　　B. 接受投资者投入的固定资产

    C. 从银行提取现金　　　　　　　　D. 将资本公积转增资本

12. 关于"本年利润"科目，下列说法不正确的是(　　)。

    A. 该科目的余额年终应该转入"利润分配"账户

    B. 该科目年终结转之后没有余额

    C. 该科目各个月末的账户余额可能在借方、可能在贷方，也可能为零

    D. 该科目期末借方余额表示自年初开始至当期期末为止累计实现的盈利

13. 下列各项中，不影响营业利润金额的是(　　)。

    A. 资产减值损失　　　B. 公允价值变动损益　　　C. 投资收益　　　D. 营业外收入

14. 下列不属于企业资产的是(　　)。

    A. 实收资本　　　　　　　　　　　B. 融资租入的固定资产

    C. 机器设备　　　　　　　　　　　D. 专利权

15. 下列记账错误中，不能通过试算平衡检查发现的是(　　)。

    A. 将某一分录的借方发生额600元，误写成6 000元

    B. 某一分录的借贷方向写反

    C. 借方的金额误记到贷方

    D. 漏记了借方的发生额

16. 下列各项中不应列示在资产负债表中的流动资产部分的是(　　)。

    A. 货币资金　　　B. 应收账款　　　C. 预付账款　　　D. 在建工程

17. 下列固定资产中，不应计提折旧是(　　)。

    A. 融资租入的固定资产　　　　　　B. 经营租出的固定资产

    C. 使用期满仍继续使用的固定资产　D. 外购的固定资产

根据 XYZ 公司的如下资料，完成 18~20 题。

2010 年度损益类账户的累计发生额(单位：万元)

账户名称	借　方	贷　方
主营业务收入		2 000
主营业务成本	1 500	
营业税金及附加	20	
其他业务收入		20
其他业务成本	10	
销售费用	60	
管理费用	200	
财务费用	20	
投资收益		40
营业外收入		20
营业外支出	30	
所得税费用	50	

18. XYZ 公司 2010 年实现营业利润( )万元。

    A. 500   B. 190   C. 250   D. 240

19. XYZ 公司 2010 年实现利润总额为( )万元。

    A. 500   B. 190   C. 250   D. 240

20. XYZ 公司 2010 年实现净利润( )万元，假设无纳税调整事项。

    A. 500   B. 190   C. 250   D. 240

二、多项选择题(本类题共 10 小题，每小题 2 分，共 20 分。在每小题给出的四个备选答案中，有两个或两个以上符合题意的正确答案，请将所选答案的字母填在题后的括号内。多选、少选、错选、不选均不得分。)

1. 坏账准备的提取方法包括( )。

    A. 应收账款余额百分比法   B. 账龄分析法

    C. 销货百分比法   D. 现销百分比法

2. 其他单位因特殊原因需要使用本单位的原始凭证，正确的做法有( )。

    A. 可以外借

    B. 将外借的会计凭证拆封抽出

    C. 不得外借，经本单位会计机构负责人、会计主管人员批准，可以复制

    D. 将向外单位提供的凭证复印件在专设的登记簿上登记

3. 下列账簿中应该采用订本式账簿的有( )。

    A. 现金日记账   B. 银行存款日记账   C. 固定资产明细账   D. 管理费用总账

4. 下列各项中，属于企业应付职工薪酬核算范围的有( )。

    A. 非货币性福利   B. 职工教育经费   C. 职工奖金   D. 养老保险

5. 计提应付职工薪酬时，借方可能涉及的科目有( )。

    A. 制造费用   B. 销售费用   C. 在建工程   D. 应付职工薪酬

6. 在常见的账务处理程序中，共同的账务处理工作有( )。

    A. 均应根据原始凭证编制汇总原始凭证   B. 均应编制记账凭证

    C. 均应填制汇总记账凭证   D. 均应设置和登记总账

7. 存货按照计划成本计价，在"材料采购"账户借方登记的有( )。

    A. 购入存货的价款   B. 购入存货的采购费用

    C. 入库存货的计划成本   D. 入库存货实际成本大于计划成本的差异

8. 企业按规定交纳营业税的项目有( )。

    A. 出租无形资产取得收入   B. 销售不动产取得收入

    C. 销售商品取得收入   D. 提供运输等非工业性劳务

9. 下列属于损益类科目的有( )。

    A. 管理费用   B. 制造费用   C. 生产成本   D. 主营业务成本

10. 生产经营期间为购建固定资产而专门借入的款项，所发生的利息可以计入( )。

    A. 固定资产成本   B. 财务费用   C. 销售费用   D. 管理费用

三、判断题(本类题共 10 小题，每小题 1 分，共 10 分。认为正确的，在题后的括号内写"√"；认为错误的，在题后的括号内写"×"。判断正确的得 1 分，判断错误的扣 0.5 分，不答不得分也不扣分。本类题最低为零分。)

1. 记账以后发现原记账凭证中的会计科目正确，但所记金额小于应记金额，更正时应采用

补充登记法。 （ ）

2. 企业外购材料时发生的合理损耗，按照规定应一律计入"管理费用"账户。 （ ）

3. "主营业务成本"账户核算企业主要经营业务中发生的实际成本，以销售商品业务为例，"主营业务成本"借方登记本期发生的销售成本等，贷方登记销货退回、销售折让和期末结转"本年利润"的本期销售成本等，结转之后无余额。 （ ）

4. "预付账款"账户和"应付账款"账户在结构上是相同的。 （ ）

5. 本年利润账户期末结转前如为借方余额，则表示费用、损失大于收入、利得等的差额，为企业本期发生的亏损数额。 （ ）

6. 资产负债表的格式主要有账户式和报告式两种，我国采用的是报告式，因此才出现财务会计报告这个名词。 （ ）

7. 营业利润是以主营业务利润为基础，加上其他业务利润，减去销售费用、管理费用和财务费用，再加上营业外收入减去营业外支出计算出来的。 （ ）

8. 应付职工薪酬包括职工在职期间和离职后提供给职工的全部货币性薪酬和非货币性福利，也包括解除劳务关系给予的补偿。 （ ）

9. 原始凭证原则上不得外借，其他单位如有特殊原因确实需要使用时，经本单位会计机构负责人、会计主管人员批准，可以外借。 （ ）

10. 企业可供分配的利润是以利润总额为基础，加上年初未分配利润以及盈余公积转入数求得。 （ ）

四、简答题(本类题共 2 小题，每小题 5 分，共 10 分。)

1. 简述财产清查结果处理的要求。

2. 列举记账凭证的基本内容。

五、计算题(本类题共 2 小题，每小题 20 分，共 40 分，凡要求计算的项目，均须列出计算过程；计算结果出现小数的，均保留小数点后两位小数。凡要求编制会计分录的，除题中有特殊要求外，只需写出一级科目。)

1. 金山公司 2010 年 3 月发生下列经济业务：

(1) 自贵州大力工厂购入 A 材料 100 吨，货款 50 000 元，对方垫付装卸搬运费 1 000 元，货物已验收入库，货款未支付，不考虑增值税。

(2) 生产车间生产甲产品领用 A 材料 40 吨，B 材料 80 吨；生产乙产品领 A 材料 50 吨，B 材料 50 吨(A 材料每吨 510 元，B 材料每吨 615 元)。

(3) 接受甲企业以现金投入的 10 000 元，金山公司为有限责任公司，假定该投资不产生资本溢价。

(4) 从银行提取库存现金 40 000 元，当即支付职工工资。

(5) 分配工资费用，甲产品生产工人工资 11 000 元，乙产品生产工人工资 9 000 元，生产车间管理人员工资 8 000 元，行政管理部门人员工资 12 000 元。

(6) 从银行借入短期借款 15 000 元，转存银行存款户。

(7) 月末在对账时发现，当月曾签发转账支票 3 000 元，支付本月报刊订阅费。原编制的记账凭证为：

借：管理费用　　　　　　　　　　　　　　　300
　　贷：银行存款　　　　　　　　　　　　　　　　300

判断该经济业务的会计处理是否有误，如有错误采用适当方法加以更正。

(8)金山公司从乙企业购入 10 000 股股票,作为交易性金融资产核算,买价是 100 000元。

(9)计提行政管理部门固定资产折旧费 1 600 元。

(10)出租无形资产本月取得租金收入 10 000 元,按 5% 的税率缴纳营业税。

(11)盘亏生产设备一台,该设备原始价值 26 000 元,已提折旧 18 000 元。批准予以核销。分别编制批准前后的会计分录。

(12)计提应由本月负担的短期借款利息 1 000 元。

(13)收到丙公司支付的前欠货款 1 000 元。

(14)金山公司用现金支付营业税 500 元。

(15)金山公司与丁企业签订了一笔购货合同,预付 100 000 元购货款给丁公司。

(16)本月交纳罚款 1 200 元。

(17)按产品生产工时计算分配本月发生的制造费用(其中:甲产品 5.5 万个生产工时,乙产品 4.5 万个生产工时)。

(18)本月完工甲产品 200 个,乙产品 200 个,均已经验收入库(假定甲产品期初、期末无在产品,乙产品期初在产品成本 30 000 元,详见生产成本明细分类账,无期末在产品)。

要求:

(1)根据上述资料(1)~(18)经济业务编制会计分录(要求写出"生产成本"和"库存商品"的明细账户)

(2)根据上述有关经济业务登记"生产成本——乙产品"生产成本明细分类账(见下表)。

生产成本明细分类账

类别:乙产品 单位:元

日期	凭证号数	摘　要	直接材料	直接人工	制造费用	合计
略	略	月初在产品成本	16 750	6 000	7 250	30 000
		原材料费用				
		生产工人工资				
		车间制造费用				
		合　　计				
		本月完工产品成本				
		期末余额				

2. 资料:南方股份有限公司 2010 年损益类账户发生额资料如下(单位:元)

账户名称	借　方	贷　方
主营业务收入		800 000
主营业务成本	600 000	
营业税金及附加	10 000	
管理费用	40 000	
销售费用	3 500	
财务费用		500
营业外收入		20 000

账户名称	借　方	贷　方
营业外支出	10 000	
其他业务收入		20 000
其他业务成本	15 000	
资产减值损失	1 000	
公允价值变动损益	2 000	
投资收益	40 000	

该公司所得税税率为25%，假设无纳税调整事项。

要求：根据上述资料分别计算公司在该会计期间内下列有关项目金额。（要求列出计算过程）

(1)营业收入；

(2)营业成本；

(3)营业利润；

(4)利润总额；

(5)所得税费用；

(6)净利润。

模拟试题(六)参考答案及详细解析

一、单项选择题

1. D

【解析】本题考查差旅费的核算。以库存现金支付给采购人员预借的差旅费，应该借记"其他应收款"科目，贷记"库存现金"科目。

2. B

【解析】本题考查记账凭证的适用范围。付款凭证是指根据现金和银行存款付出业务的原始凭证编制专门来填列付款业务会计分录的记账凭证。本题中开出转账支票就是指用银行存款支付。

3. D

【解析】本题考查主营业务收入的核算内容。对工业企业而言，选项 A、C 属于其他业务收入；选项 B 属于营业外收入。

4. B

【解析】本题考查生产成本科目的核算内容。选项 A 应记入"制造费用"；选项 C 应记入"销售费用"；选项 D 应记入"管理费用"。

5. B

【解析】本题考查主要经济业务的核算。选项 A 和选项 C 应该计入制造费用，当对应的产品销售后，会转入营业成本；选项 B 应该计入管理费用，符合题意；选项 D 应该计入在建工程，不计入当期损益。

6. B

【解析】本题考查原始凭证的概念。原始凭证又称单据，是在经济业务发生或完成时取得或填制的，用以记录或证明经济业务的发生或完成情况的文字依据。

7. D

【解析】 本题考查经济业务对会计要素的影响。该笔业务的会计处理为：

借：应付账款

　　贷：应付票据

负债内部变化，总额不变。

8. D

【解析】 本题考查短期借款的内容。如果利息按月支付，或者虽然分期(季、半年)支付或到期一次支付，但数额较小，可不用预提的方法，而在实际支付利息时直接计入当期损益。

9. A

【解析】 本题考查账簿的适用范围。原材料、库存材料、产成品等明细账一般都采用数量金额式账簿；应付账款明细账和现金日记账采用三栏式账簿，管理费用明细账采用多栏式账簿。

10. A

【解析】 本题考查财产清查的时间要求。银行存款每月至少同银行核对一次，贵重物资每月应盘点一次，债权债务每年至少核对一、二次。

11. B

【解析】 本题考查经济业务对资产要素的影响。选项 B 的会计处理是：借记"固定资产"，贷记"实收资本"等，导致资产总额增加；选项 A 引起资产和负债总额同时减少；选项 C 引起资产内部增减变动，资产总额不变；选项 D 引起所有者权益内部增减变动，不会引起资产总额的变动，所以应选 B。

12. D

【解析】 本题考查本年利润科目核算的内容。在期末的时候如果出现借方余额，表示本期累计实现的净亏损，如果出现贷方余额，表示本期累计实现的净利润。

13. D

【解析】 本题考查营业利润的计算。营业外收入不属于企业日常活动形成的，对企业的营业利润没有影响。

14. A

【解析】 本题考查资产的内容。实收资本是企业的所有者权益，而不是资产；融资租入的固定资产作为承租企业的资产核算；机器设备是企业的固定资产；专利权是企业的无形资产。

15. B

【解析】 本题考查试算平衡的应用。某一分录的借贷方向写反，通过试算平衡是无法发现的，因为此时借贷双方的金额仍然相等。

16. D

【解析】 本题考查流动资产的范围。在建工程属于非流动资产。

17. C

【解析】 本题考查固定资产计提折旧的范围。

18. C

【解析】本题考查营业利润的计算。营业利润 = 2 000 + 20 + 40 - 1500 - 20 - 10 - 60 - 200 - 20 = 250（万元）

19. D

【解析】本题考查利润总额的计算。利润总额 = 250 + 20 - 30 = 240（万元）

20. B

【解析】本题考查净利润的计算。净利润 = 240 - 50 = 190（万元）

二、多项选择题

1. ABC

【解析】本题考查坏账准备的提取方法。现销是不存在应收账款的，所以也不用计提坏账准备。

2. CD

【解析】本题考查原始凭证的保管。原始凭证不得外借，其他单位如因特殊原因需要使用原始凭证时，经本单位会计机构负责人、会计主管人员批准，可以复制。向外单位提供的原始凭证复印件，应当在专设的登记簿上登记，并由提供人员和收取人员共同签名或者盖章。

3. ABD

【解析】本题考查订本式账簿的适用范围。固定资产明细账应该采用卡片式。

4. ABCD

【解析】本题考查应付职工薪酬包含的内容。应付职工薪酬包括职工工资、奖金、津贴和补贴，职工福利费，医疗、养老、失业、工伤、生育等社会保险，住房公积金，工会经费，职工教育经费，非货币性福利和其他职工薪酬(比如辞退福利)。

5. ABC

【解析】本题考查职工薪酬的计提。计提职工薪酬应该记入"应付职工薪酬"的贷方，所以不能选 D，其它三项都是可能涉及到的。

6. ABD

【解析】本题考查账务处理程序的内容。汇总记账凭证账务处理程序应该填制汇总记账凭证，其他两种账务处理程序不需要填制汇总记账凭证。

7. AB

【解析】本题考查计划成本法下存货的核算。

8. ABD

【解析】本题考查营业税的征收范围。销售商品取得收入属于增值税的征税范围，应交纳增值税。

9. AD

【解析】本题考查损益类科目的内容。生产成本与制造费用属于成本类科目。

10. AB

【解析】本题考查借款利息的核算。生产经营期间，在固定资产达到预定可使用状态之前的计入固定资产成本，在达到预定可以使用状态后的计入财务费用。

三、判断题

1. √

【解析】本题考查补充登记法的适用范围。

79

2. ×

【解析】本题考查购买存货发生合理损耗的核算。企业外购材料时发生的合理损耗应计入材料的成本中。

3. ×

【解析】本题考查主营业务成本的核算内容。发生销售折让时，不需要冲减主营业务成本，因此，"主营业务成本"账户贷方登记的内容中不包括销售折让。

4. ×

【解析】本题考查"预付账款"和"应付账款"账户的结构。应付账款属于负债类账户，借方表示减少，贷方表示增加；预付账款属于资产类账户，借方表示增加，贷方表示减少。

5. √

【解析】本题考查本年利润账户的性质。

6. ×

【解析】本题考查资产负债表的格式。资产负债表的格式主要有账户式和报告式两种，我国企业采用的是账户式。

7. ×

【解析】本题考查营业利润的计算。营业外收入和营业外支出不影响营业利润的金额。

8. √

【解析】本题考查应付职工薪酬核算的内容。

9. ×

【解析】本题考查原始凭证的保管和使用。原始凭证不得外借，其他单位如有特殊原因确实需要使用时，经本单位会计机构负责人、会计主管人员批准，可以复制。

10. ×

【解析】本题考查可供分配利润的计算。企业本年实现的净利润加年初未分配利润以及其他转入后的余额为可供分配利润的金额。

四、简答题

1.【答案】本题考查财产清查结果处理的要求。

(1)分析账实不符的原因和性质，提出处理建议；

(2)积极处理多余积压财产，清理往来款项；

(3)总结经验教训，建立健全各项管理制度；

(4)及时调整账簿记录，保证账实相符。

2.【答案】本题考查记账凭证的基本内容。

(1)记账凭证的名称；

(2)填制记账凭证的日期；

(3)记账凭证的编号；

(4)经济业务事项的内容摘要；

(5)经济业务事项所涉及的会计科目及其记账方向；

(6)经济业务事项的金额；

(7)记账标记；

(8)所附原始凭证的张数；

(9)制证、审核、记账、会计主管等有关人员的签章，收款凭证和付款凭证还应由出纳人员签名或盖章。

五、计算题

1.【答案】本题考查主要经济业务核算和生产成本明细账的登记。

（1）

①借：原材料   51 000
    贷：应付账款   51 000

②借：生产成本——甲产品   69 600
          ——乙产品   56 250
    贷：原材料   125 850

③借：银行存款   10 000
    贷：实收资本   10 000

④提现时
借：库存现金   40 000
    贷：银行存款   40 000

发放工资时
借：应付职工薪酬   40 000
    贷：库存现金   40 000

⑤借：生产成本——甲产品   11 000
          ——乙产品   9 000
    制造费用   8 000
    管理费用   12 000
    贷：应付职工薪酬   40 000

⑥借：银行存款   15 000
    贷：短期借款   15 000

⑦错误，科目无误金额少记，应采用补充登记法更正。
借：管理费用   2 700
    贷：银行存款   2 700

⑧借：交易性金融资产   100 000
    贷：银行存款   100 000

⑨借：管理费用   1 600
    贷：累计折旧   1 600

⑩借：银行存款   10 000
    贷：其他业务收入   10 000
  借：营业税金及附加   500
    贷：应交税费——应交营业税   500

⑪批准前
借：待处理财产损溢   8 000
    累计折旧   18 000
    贷：固定资产   26 000

批准后

借：营业外支出   8 000

  贷：待处理财产损溢   8 000

⑫借：财务费用   1 000

  贷：应付利息   1 000

⑬借：银行存款   1 000

  贷：应收账款   1 000

⑭借：应交税费——应交营业税   500

  贷：库存现金   500

⑮借：预付账款   100 000

  贷：银行存款   100 000

⑯借：营业外支出   1 200

  贷：银行存款   1 200

⑰本月的制造费用总额是 8 000 元。

借：生产成本——甲产品   4 400（8 000×5. 5/10）

    ——乙产品   3 600（8 000×4. 5/10）

  贷：制造费用   8 000

⑱甲产品的成本 = 69 600 + 11 000 + 4 400 = 85 000（元）

乙产品的成本 = 56 250 + 30 000 + 9 000 + 3 600 = 98 850（元）

借：库存商品——甲产品   85 000

    ——乙产品   98 850

  贷：生产成本——甲产品   85 000

      ——乙产品   98 850

（2）

生产成本明细分类账

类别：乙产品   单位：元

日期	凭证号数	摘　要	直接材料	直接人工	制造费用	合计
略	略	月初在产品成本	16 750	6 000	7 250	30 000
		原材料费用	56 250			86 250
		生产工人工资		9 000		95 250
		分配的制造费用			3 600	98 850
		合　　计	73 000	15 000	10 850	98 850
		本月完工产品成本	73 000	15 000	10 850	98 850
		期末余额	0	0	0	0

2.【答案】本题考查利润表项目的计算。

（1）营业收入 = 800 000 + 20 000 = 820 000（元）

（2）营业成本 = 600 000 + 15 000 = 615 000（元）

（3）营业利润 = 820 000 - 615 000 - 10 000 - 40 000 - 3 500 + 500 - 1 000 - 2 000 - 40 000 = 109 000（元）

（4）利润总额 = 109 000 + 20 000 - 10 000 = 119 000（元）

（5）所得税费用 = 119 000×25% = 29 750（元）

（6）净利润 = 119 000 - 29 750 = 89 250（元）